RELATION DU VOYAGE

DE LL. MM.

L'EMPEREUR & L'IMPÉRATRICE

A NICE

(12 ET 13 SEPTEMBRE 1860)

PAR

MARIE DE SAINT-GERMAIN

AVEC

4 GRAVURES DE **P. COMBA**

NICE,

IMPRIMERIE CANIS FRÈRES, DESCENTE DE LA CASERNE.

1860.

Le récit que nous livrons à la publicité n'a qu'un seul mérite : la sincérité.

Écrites à la hâte, ces lignes ne sont et ne peuvent être qu'un procès-verbal bien froid des douces émotions ressenties par tous nos concitoyens dans les mémorables journées du 12 et du 13 septembre.

S'il nous est impossible de reproduire l'enthousiasme fiévreux, d'enregistrer les acclamations innombrables qui ont salué Leurs Majestés l'Empereur et l'Impératrice, chaque fois qu'elles se sont montrées au milieu de nous, nous espérons que la voix du peuple est encore assez vibrante pour compléter notre récit et attester la synonymie

Des acclamations $\left\{ \begin{array}{l} \text{Vive Napoléon !} \\ \text{Vive la France !} \end{array} \right.$

VOYAGE

DE LL. MM.

L'EMPEREUR ET L'IMPÉRATRICE

A NICE

PREMIÈRE PARTIE

—

I

**Voyage de LL. MM. l'Empereur et l'Impératrice
en 1860.**

L'expédition de Syrie venait d'être ordonnée, les complications des affaires d'Italie était prévues et semblaient imminentes ; c'est à ce moment que l'Empereur quitte Paris pour visiter ses sujets. Cette absence du Chef de l'État, de la capitale de l'Empire, eût à elle seule, été une démonstration dont la portée et le sens pouvaient être relevés, il y a dix ans ; aujourd'hui c'est un fait ordinaire. C'est que l'Empereur a pour garde d'honneur la nation toute entière ; les partis ont disparu, et, après une pénible transition, la France a vu l'ordre et la sécurité succédant au trouble et à l'incertitude ; le principe d'autorité a été rétabli ; le commerce a retrouvé sa confiance ; l'industrie a repris son essor ; le crédit public a répondu, par trois fois, à de patriotiques appels dans des proportions jusqu'alors impossibles, et, pour satisfaire toutes les exigences du caractère français, la gloire de nos armes a été portée aussi haut que dans les plus beaux jours de notre histoire militaire. Enfin, l'expédition de Syrie décidée avec spontanéité, entreprise avec calme, a prouvé à l'Europe que la France était toujours prête à offrir le secours de son bras et la protection de ses armes à toutes les victimes de la barbarie.

Qui a pu réaliser toutes ces merveilles ? Napoléon III. C'est à son initiative courageuse, c'est à son admirable modération que l'on est redevable de tous ces bienfaits. L'Empereur a pu accomplir ces grandes choses : parce qu'il est l'incarnation du pays ; qu'il devance l'opinion publique, et qu'il est soutenu par l'irrésistible élan de la nation organisée comme une famille forte et unie. Aussi, partout sur son passage, à Dijon, à Lyon, à Grenoble, à Marseille, les populations respectueuses et empressées font entendre leurs acclamations enthousiastes. La présence de l'Impératrice, dont le nom est invoqué par tous les malheureux comme une protection, donne à ces ovations un caractère d'émotion recueillie. A Lyon, dans la ville populeuse où l'agitation révolutionnaire avait établi jadis son quartier-général, les ouvriers sont accourus pour saluer l'Empereur et donner à l'Impératrice des preuves non équivoques de leur respectueuse sympathie. On n'avait pas oublié la visite, faite il y a quatre ans, au moment des inondations. Cet accueil était tout naturel.

En même temps que les acclamations retentissent sur le passage de Leurs Majestés, — d'un bout à l'autre de la France, les conseils généraux envoient au Chef de l'État des adresses pour donner une adhésion pleine et entière au gouvernement impérial, et tous sans exception félicitent Napoléon III de la légitime extension de l'une des frontières de l'Empire et lui adressent des remercîments pour avoir obtenu la rentrée dans la famille française de populations dès longtemps unies à elle par le cœur, le langage et le souvenir.

Les habitants de Nice et de la Savoie étaient heureux de voir la nation tout entière s'associer à ce témoignage d'une reconnaissance contractée particulièrement par les nouveaux départements.

Nice ne devait pas rester en arrière, et M. le Préfet des Alpes-Maritimes, dans la proclamation qui annonçait d'une façon officielle la date de l'arrivée de Leurs Majestés, prouva qu'il savait aussi bien comprendre les intentions de son gouvernement que traduire les sentiments de ses administrés.

II

Voici le document officiel qui précisa l'époque de l'auguste visite de Leurs Majestés Impériales :

PROCLAMATION.

Habitants des Alpes-Maritimes !

« L'Histoire a toujours considéré comme des faits mémorables les voyages des Souverains. Les annales les ont enregistrés et les populations s'en sont transmis le souvenir, parce qu'elles y ont vu constamment des témoignages éclatants d'intérêt pour elles, et des indices certains de la puissance des Monarques assez soucieux des besoins de leurs peuples pour les entreprendre.

« Sous des gouvernements dont le souvenir est déjà loin de nous, les règles politiques en vigueur avaient rendu pour ainsi dire impossibles ces grands déplacements, si conformes aux prérogatives et aux attributs du pouvoir souverain.

« Pour quiconque voudra y réfléchir, ce ne sera pas une des moindres gloires des deux fondateurs de la Monarchie Napoléonienne, que d'avoir su constituer à deux reprises différentes leur Empire, de

manière à le dégager de ces entraves qui sont le triste
apanage des pouvoirs contestés.

« C'est ainsi qu'après avoir recueilli les dates par
lesquelles, au milieu des glorieuses complications de
son règne, NAPOLÉON Ier a su laisser au sein de nos
nombreuses provinces tant de traces immortelles de
son passage, l'Histoire s'enrichit de nos jours de souvenirs non moins profonds, — souvenirs que la plupart
de nos départements conservent de la sollicitude avec
laquelle l'Empereur tient à voir et à étudier successivement tous les éléments séparés qui constituent la
prospérité de ses États.

« Au milieu des désirs exprimés de toute part au
nom de populations empressées de témoigner leur
dévouement au Souverain de leur choix, tout autant
que de recevoir des preuves directes de son intérêt,
les vœux des nouvelles provinces annexées devaient être
décisifs auprès du cœur de l'Empereur et de l'Impératrice. Leurs Majestés, touchées du mouvement unanime
au milieu duquel deux belles provinces sont venues
accroître la force de leur Empire, veulent cimenter à
leur tour, par leur présence, une indissoluble union.

« L'Empereur est pénétré de ce que cette Province,
paralysée dans son développement, attend de son initiative. Sans oublier les satisfactions individuelles dues à
d'honorables services rendus, ce sont les instincts
populaires, ces guides constants de sa politique, qui lui
inspireront ici, comme partout, les grandes décisions

d'intérêt général qui nous tiennent encore dans l'attente.

« Désignée à l'amour des Français par le choix d'un Prince dont les titres à la reconnaissance publique ne se comptent plus, l'Impératrice a su se l'attirer à elle-même par son ardente charité pour tout ce qui souffre. Cette sollicitude éclairée d'une mère veillant sur son fils comme sur un dépôt que la Providence lui a confié pour la France, les grâces d'une charmante Souveraine, qui a déjà su se montrer à la hauteur des situations que les événements pouvaient lui réserver, ce sont là des mérites que l'on serait tenté d'oublier devant les vertus de cette âme compatissante, et qui, sous les traits de notre belle Impératrice, nous rappellent l'Ange de la Charité.

A l'approche de ces bienfaisants et Augustes Visiteurs, comment ne pas s'expliquer les sentiments d'impatience des populations qui les attendent?

« Je suis donc certain d'être auprès de vous le messager de la bonne nouvelle, en vous annonçant que la présence parmi nous de LL. MM. est une espérance que nous sommes à la veille de voir se réaliser.

Habitants des Alpes-Maritimes !

« Cette ville et cette campagne de Nice, où nos Souverains daigneront arrêter leurs pas, ont été embellies par la nature elle-même pour une solennité de ce genre. Pour faire honneur à une Cour brillante, vous répondrez aux invitations que les Représentants de l'autorité sont dès à présent en mesure de vous transmettre.

« Les députations que vous aurez spécialement chargées de vous représenter, auront à cœur de nous arriver
ornées comme pour le plus beau jour de fête. L'expansion
de vos sentiments à tous en deviendra l'heureux com-
plément dans des contrées où la joie sait s'affranchir
de toute contrainte. C'est au milieu de ces solennelles
démonstrations que vous tiendrez à inscrire le VOYAGE
DE NICE dans les fastes du nouvel Empire. Nous y
inscrirons en même temps ce programme des améliorations que l'Empereur a voulu venir lui-même nous
tracer, et que les générations verront successivement
s'accomplir, en prolongeant, à chaque progrès réalisé,
l'écho reconnaissant de ces cris prêts à s'échapper de
tous les cœurs, de

VIVE L'EMPEREUR !
VIVE L'IMPÉRATRICE !
VIVE LE PRINCE IMPÉRIAL !

Le Préfet des Alpes-Maritimes,
R. PAULZE-D'IVOY.

Nice, le 20 août 1860.

———

PROGRAMME DU SÉJOUR DE LEURS MAJESTÉS A NICE.

Journée du 12 septembre.

Arrivée dans le Port, à 9 heures du matin.

Le Préfet des Alpes-Maritimes se rend à bord pour prendre
les ordres de Leurs Majestés.

Débarquement à 10 heures.

LL. MM. sont reçues par les premières Autorités religieuses, judiciaires, civiles et militaires, et par le Maire de Nice, qui, à la tête de son Conseil Municipal, présente à l'Empereur les clefs de la ville. — LL. MM. montent en voiture et se rendent au Palais Impérial. — La haie est formée, sur le parcours, par les corporations d'ouvriers, les députations des Communes et les troupes de la garnison. — Les médaillés de Ste-Hélène sont rangés aux abords du Palais Impérial. — A l'arrivée au Palais, les jeunes files de la ville offrent des fleurs à S. M. l'Impératrice. — Présentation des Dames à S. M. l'Impératrice. — Réception des Autorités.

A 2 heures,   Excursion à l'ancien Château de Nice. — Promènade de Leurs Majestés dans les environs de la ville.

A 7 heures,   Dîner de Leurs Majestés,

A 10 heures,   Bal offert à Leurs Majestés par la Ville.

Journée du 13 septembre.

Dans la matinée,   Visite au Port militaire de Villefranche.

A 2 heures,   Excursion à l'embouchure du Var et Promenade dans la campagne de Nice.

A 6 heures $^1/_2$ Grand Dîner au Palais Impérial.

A 8 heures,   Leurs Majestés se rendent à bord. — La haie est formée pour le départ comme pour l'arrivée. — Feu d'Artifice.

A 9 heures,   Départ de Leurs Majestés.

N. B. Ce programme a été modifié en ce sens que le débarquement aura lieu à Villefranche, l'état de la mer pouvant ne pas permettre au Yacht Impérial l'*Aigle* d'entrer dans le port de Nice. — Les dispositions qu'entraîne cette modification seront ultérieurement indiquées.

—

A dater de ce jour la ville tout entière se mit à l'œuvre ; il s'agissait de hâter les préparatifs d'une réception digne du Souverain qui avait bien voulu revendiquer nos droits, digne de la population dont le vote unanime avait répondu à l'appel de la mère-patrie.

Hâtons-nous de le dire : Nice a fait son devoir.

III

En venant prendre la direction du département des Alpes-Maritimes , M. Paulze-d'Ivoy s'était tracé un programme qu'il a su remplir ; il avait, au nom du gouvernement, formulé des promesses qui ont été dépassées.

Il nous semble nécessaire de reproduire deux passages de cette proclamation, qui indiqueront la situation dans laquelle se trouvait le département nouvellement rendu à la France, et les engagements que l'administration ne craignait pas d'accepter au nom du Gouvernement Impérial.

A peine arrivé à Nice, voici ce que disait M. le Préfet des Alpes-Maritimes :

« ..... J'ai hâte de vous parler des bienfaits que « l'Empereur veut étendre de l'intérieur de son Empire,

« à de valeureuses populations qui viennent de s'en
« constituer d'elles-mêmes les sentinelles avancées et
« vigilantes. Le programme de toutes les prospérités
« qu'un esprit civilisateur de premier ordre a conçu
« pour la France, et qu'il s'applique à y développer
« d'une main hardie, — ce programme vous n'en serez
« pas seulement les auxiliaires aux lieux que vous habitez,
« mais vous êtes désormais appelés, comme nous tous,
« à en seconder les développements dans nos dépar-
« tements de l'intérieur. Je ne viens pas, en effet, parmi
« vous avec le simple mot d'ordre d'y respecter les droits
« acquis, tout autant qu'ils se concilieront avec vos
« vœux d'annexion ; mais j'ai aussi mission de vous dire
« que, membres aujourd'hui de la grande Nation
« Française, toutes les carrières publiques sont ouvertes
« à ceux d'entre vous qui sont disposés à consacrer
« leur dévouement et leur intelligence au service de
« notre commune patrie. »

Et plus loin :

« Rappelons-nous que nous sommes les ouvriers de
« la première heure, et que l'œuvre est considérable.
« Jetons donc les bases de l'édifice de manière à nous en
« rendre facile et certain le prompt couronnement. C'est
« là un noble but dont le pays tout entier et l'esprit de
« civilisation feront remonter la gloire jusqu'à nous.
« Pour l'atteindre, ce n'est pas trop que de réunir tous
« nos efforts, et je fais appel à votre patriotisme, à

« l'intelligence et à l'activité de toutes nos administrations
« prêtes à se former. En retour de celui que je vous
« demande au nom de l'Empereur, comptez vous-mêmes,
« comptez tous sur l'énergique dévouement que j'ai
« promis à Sa Majesté en lui déposant mon serment. »

Trois mois se sont écoulés depuis le jour où nous avons lu ces lignes contenant un appel à la bonne volonté de tous, une promesse de l'autorité et une sorte d'engagement contracté au nom du gouvernement : avons-nous été trompés ? Avait-on exagéré les promesses ? Pour répondre à cette question il suffit d'avoir un peu de mémoire.

Le gouvernement de l'Empereur, sur les rapports expédiés par l'autorité, a concédé à la ville de Nice :

Une École normale,
Un Lycée impérial,
Un Entrepôt réel,
Une Succursale de la Banque de France.

Tous les intérêts particuliers conciliables avec l'intérêt général, sont scrupuleusement conservés. Chacun reçoit, du fait de l'annexion, un bénéfice ou, tout au moins, une compensation.

Aux yeux du gouvernement ce n'était pas encore assez ; aussi avons-nous vu les bienfaits de la munificence impériale précéder l'arrivée de Leurs Majestés, et donner une sorte de consécration aux paroles de M. le Préfet des Alpes-Maritimes, empruntées à sa proclamation du 20 août :

« Les annales ont toujours enregistré les voyages des « Souverains, et les populations s'en sont transmis le « souvenir, parce qu'elles y ont vu constamment des « témoignages éclatants d'intérêt pour elles..... »

Qu'il nous soit permis de rappeler par quels décrets LL. MM. annonçaient leur visite à leurs nouveaux sujets :

Parmi les questions de travaux publics qui intéressent le département des Alpes-Maritimes, s'il en est une qui, depuis longues années, a préoccupé l'opinion publique et sollicité l'attention de tous les administrateurs qui se sont succédé dans ce pays, c'est, à coup sûr, celle de l'endiguement du Var. L'assainissement des bords du fleuve, la défense des propriétés riveraines, la conquête des terrains pour la culture, les intérêts de la ville engagés dans cette affaire, la fortune des particuliers compromise par l'incurie ou la mauvaise foi, tout recommandait cette question à la sollicitude du gouvernement.

Mais il se présentait une objection sérieuse : il s'agissait de savoir si l'État consentirait à faire un sacrifice considérable. Avant la réunion de l'arrondissement de Nice à la France, personne n'aurait osé prévoir le terme de ces travaux d'endiguement, commencés il y a plus de quinze ans, interrompus, repris et finalement abandonnés, sans que le gouvernement sarde pût ou voulût prendre l'initiative d'une entreprise dont il n'était nullement décidé à faire les avances. Grâce au vote qui nous a rendus à notre nationalité, les difficultés, jusqu'alors insurmontables, se sont aplanies et la question se trouve résolue.

L'Empereur déclare d'utilité publique la continuation des travaux d'endiguement du Var, *aux frais du Trésor,* — les droits des tiers, en ce qui touche les travaux exécutés, étant expressément réservés. C'était peut-être le seul moyen à employer pour pouvoir pousser les travaux avec une grande activité et éviter de les voir suspendus par les difficultés et les lenteurs de l'ancienne concession de l'endiguement du Var; mais quel gouvernement, autre que celui de l'Empereur, aurait consenti à prendre à sa charge une dépense que les devis les moins exagérés portent à un chiffre de plus de deux millions? La ville, le pays, les propriétaires n'auraient jamais osé élever leurs prétentions jusque-là. Il fallait la fortune de la France, l'initiative du Gouvernement Impérial, la bienveillance et la générosité de l'Empereur, pour inaugurer, par un pareil bienfait, la prise de possession de notre pays. Après avoir été appelé par le vote unanime des populations, l'Empereur signale son droit de propriété, en doublant la fortune du pays.

Cette satisfaction donnée aux intérêts, les plus exigeants, parce qu'ils semblaient aussi les plus compromis, — l'attention du gouvernement a été appelée sur les voies qui mettent en communication entre elles les différentes parties du territoire de Nice, et sur les routes qui rattachent le département des Alpes-Maritimes aux départements limitrophes.

Le Gouvernement sarde avait à sa charge la route du littoral par Nice, la Turbie et Vintimille, et celle de Nice à Turin par le Col de Tende. — Le Gouvernement français, sans tenir compte des considérations d'économie qui lui permettaient d'imputer une partie de la dépense au département, a placé ces deux routes sous la classification de *routes impériales*, et, par conséquent, leur entretien est tout entier à la charge de l'État.

Quant à la rectification de la route du littoral entre Nice et Menton, l'ingénieur en chef du département, d'accord avec M. le Préfet, en exposa si nettement les avantages et la nécessité, qu'on put dès lors avoir la certitude que, sur ce point, l'Empereur ne tarderait pas à donner satisfaction à l'opinion publique. On sait du reste qu'un crédit de deux mille francs a été alloué pour cette étude.

Enfin, une route consortiale est élevée au rang de route impériale ; c'est celle qui, faisant suite à la digue du Var, doit aller, à la limite du département des Alpes-

Maritimes, se relier à celle de Barcelonnette, point auquel elle rencontrera ensuite diverses routes conduisant à Digne, à Gap et à Grenoble. Elle met, par conséquent, le département des Alpes-Maritimes en communication directe avec ceux des Hautes et Basses-Alpes et avec celui de l'Isère. Cette voie importante qui partira du Pont du Var, en suivant la digue, traversera le département dans toute sa longueur.

Enfin, les autres routes consortiales sont élevées au rang de routes départementales. Il semble tout d'abord qu'elles soient demeurées dans leur situation passée ; il n'en est rien. Les routes consortiales étaient construites et entretenues de moitié par l'État ; la province et le Consorce contribuaient, pour un quart chacun, au reste de la dépense. La construction des routes consortiales avait déjà exigé, de la part des Communes, des dépenses considérables ; le paiement des intérêts et le remboursement de la partie de l'emprunt, réalisé jusqu'à ce jour, pour l'exécution de ces travaux, leur ont créé une dette dont le paiement était déjà bien lourd. L'Administration départementale, trouvant ces charges trop onéreuses, craignant de voir absorber toutes les ressources des Communes et paralyser, par suite, tous les autres projets d'amélioration, — sollicita et obtint de la bienveillance de l'Empereur une modification importante : l'exonération complète du concours des municipalités à la confection des nouvelles routes départementales ; — par suite les dépenses d'achèvement de ces routes sont moitié à la charge de l'État, moitié à la charge de l'arrondissement. Grâce à cette disposition, les Communes peuvent employer leurs ressources à des améliorations indispensables, telles que construction de maisons d'école, mairies, réparation des églises et des presbytères, établissements de chemins vicinaux complétement à créer, etc., etc.

Pour évaluer, d'une façon approximative et en prenant les chiffres les moins élevés, la générosité du gouvernement français, voici le compte qu'il faut établir :

Achèvement de l'Endiguement du Var, sur 11 kil. $^{1}/_{2}$ . . . . 2 millions.

Route impériale de la Tinée, depuis le pont de Maria jusqu'au col de Sestrière, limite du département des Basses-Alpes, 50 kil. . . . . 2 »

Routes départementales des vallées du Var, de la Vésubie et de l'Esteron, 56 kilom. (Quote-part de l'Etat. . . . . . 1 »

Total   5 millions.

Toutes ces mesures, d'un intérêt si considérable pour le département des Alpes-Maritimes, avaient été décrétées par l'Empereur avant son voyage.

IV.

Cependant, l'Empereur continuait son voyage en semant partout des bienfaits et en distribuant chaque jour de nouvelles faveurs aux départements annexés.

Le 31 août, un décret faisait remise entière de toutes les amendes prononcées sous le régime du gouvernement sarde, pour crimes, délits ou contraventions, contre les habitants de la Savoie, de la Haute-Savoie et des Alpes-Maritimes, et qui n'avaient pas été acquittées au moment de l'annexion.

Cette faveur était particulièrement profitable à la classe ouvrière, parce que les frais de procès sont promptement exigibles et que l'action de l'huissier ne se fait pas attendre, quand la fortune du client promet le remboursement des frais de poursuite.

C'était un nouveau don de quatre-vingt mille francs. Dans cette amnistie, il ne s'agit pas seulement de renoncer à un droit acquis, mais de sortir de la caisse de l'État quatre-vingt mille francs pour indemniser le gouvernement sarde, créancier de toutes les amendes prononcées avant l'annexion.

En complétant l'énoncé de ces dons faits par le gouvernement français à notre pays, il devient de plus en plus évident que l'Empereur a donné à Nice plus que le gouvernement précédent ne lui avait jamais promis.

Vis-à-vis de la dette qu'elle avait à solder en témoignages de reconnaissance, Nice était jalouse des acclamations qui partout saluaient LL. MM. l'Empereur et l'Impératrice.

V.

Pourtant le jour impatiemment attendu de l'arrivée de Leurs Majestés approchait ; et MM. les maires de Villefranche et de Nice faisaient afficher les deux manifestes suivants :

Mairie de Villefranche,

—

Nous, Maire de Villefranche,

Vu la proclamation de M. le Préfet en date du 12 août dernier, et ses instructions postérieures relatives à l'arrivée de LL. MM. l'Empereur et l'Impératrice, qui doivent débarquer le 12 septembre courant dans la darse de Villefranche ;

Vu les lois du 16-24 août 1790 et 4 juillet ;

Considérant que l'autorité municipale est chargée de maintenir le bon ordre dans toutes les réunions et fêtes publiques ; de concert avec les autorités militaires et maritimes, avons arrêté et arrêtons ce qui suit :

Pour la journée du 12 septembre.

Art. 1er La circulation est interdite aux charrettes et bêtes de somme chargées, sur la route communale de Villefranche à Nice, depuis 6 heures du matin jusqu'à midi.

La circulation sur la même route sera interdite également à toute espèce de voiture, ainsi qu'aux piétons, de 8 heures à midi.

Les voitures de louage ne pourront stationner que sur la Place de la Marine, où elles devront être rangées en bon ordre sous la surveillance d'un agent de police.

Ces dispositions ne s'appliquent pas aux voitures des fonctionnaires revêtus de leurs uniformes.

Art. 2. L'entrée dans la Darse sera rigoureusement interdite, le 12 et le 13 septembre, à toutes les personnes qui ne justifieront pas y être appelées pour un service public.

Sont exceptées les personnes qui y ont leurs habitations et celles qui seront munies d'une permission de l'autorité civile, militaire et maritime.

Art. 3. A 8 heures du matin, le Conseil municipal se réunira à la Mairie pour se rendre en corps à la Darse y recevoir et complimenter Leurs Majestés Impériales.

Art. 4. A 8 heures, les communes du canton et leurs députations seront rangées de distance en distance sur le passage de LL. MM. dans l'ordre suivant : Eze, Trinité-Victor, Turbie, à l'emplacement qui leur sera désigné.

Art. 5. MM. les officiers en retraite qui voudront prendre part à la réception, se trouveront en uniforme à l'État-major de la place à 8 h. ¹/₂

Art. 6. A 8 heures les bateaux pêcheurs de la ville, pavoisés aux couleurs nationales, seront rangés en ligne régulière, conformément aux indications qui leur seront données par M. le lieutenant de port.

Ils devront garder exactement leur position de manière à ne gêner en rien les mouvements de l'escadre impériale.

Art. 7. Les médaillés de Ste Hélène seront rangés aux abords de l'arc de triomphe qui sera établi sur le plateau de la place d'armes.

Art. 8. Les femmes et filles de pêcheurs, autorisées à offrir un bouquet à S. M. l'Impératrice, seront placées à la sortie de la Darse.

Art. 9. Les élèves des écoles primaires seront placés sur le passage de Leurs Majestés, au tournant du corps de garde de la Poudrière.

Pour la journée du 13 septembre.

Art. 10. Depuis 7 heures du soir jusqu'à minuit, l'on observera les dispositions de l'article 1er

Art. 11. A 8 h. $^1/_2$ du soir, toutes les autorités qui ont assisté à la réception, se trouveront à leurs places, comme la journée précédente, afin de prendre congé de LL. MM.

Art. 12. Durant ces deux jours, les habitants sont invités à pavoiser leurs habitations et à les illuminer à la nuit, particulièrement pour la soirée du 13.

Art. 13. Les habitants sont également invités à se conformer ponctuellement aux présentes dispositions ainsi qu'à celles qui seraient ultérieurement prescrites par Nous ou par l'autorité militaire.

Art. 14. M. le commissaire de police et M. le commandant de gendarmerie sont chargés, chacun en ce qui le concerne, d'assurer l'exécution du présent arrêté.

Fait à Villefranche, le 3 septembre 1860.

Le Maire de Villefranche, FERRY.

Vu et approuvé :

Le Préfet des Alpes-Maritimes,
R. PAULZE-D'IVOY.

Concitoyens,

Ne laissons pas échapper cette occasion solennelle, et si vivement attendue, de confirmer par nos acclamations enthousiastes le vote unanimement annexionniste dont notre cité s'enorgueillit.

VIVE L'EMPEREUR !

VIVE L'IMPÉRATRICE !

VIVE LE PRINCE IMPÉRIAL !

Le Maire de Villefranche, FERRY.

MAIRIE DE NICE.

Nous, Maire de la ville de Nice, Officier de l'Ordre Impérial de la Légion-d'Honneur et de l'Ordre des Saints Maurice et Lazare ;

Vu le programme officiel du séjour de Leurs Majestés l'EMPEREUR et l'IMPÉRATRICE à Nice ;

Vu la proclamation de M. le Préfet aux habitants des Alpes-Maritimes ;

Vu les Lois des 16-24 août 1790 et 18 juillet 1837 ;

Considérant qu'il importe que des mesures soient prises pour que le programme sus-visé s'exécute avec ordre et régularité ;

Après nous être concerté avec les autorités religieuses, civiles et militaires, avons arrêté et arrêtons ce qui suit :

Journée du 12 Septembre.

Art. 1er Le matin, des secours seront distribués aux indigents des différents quartiers de la ville et de la banlieue.

Art. 2. L'entrée de Leurs Majestés sur le territoire de la commune de Nice sera annoncée par des salves d'artillerie. Au premier coup de canon, les cloches de toutes les églises de la ville sonneront à grande volée.

La réception de Leurs Majestés par les premières Autorités religieuses, judiciaires, civiles et militaires, et la présentation des clefs de la Ville à Sa Majesté l'Empereur, auront lieu en avant de la place Napoléon, au point de jonction de la rue de Villefranche et de la rue Cassini.

Art. 3. Les Autorités invitées par M. le Préfet à la réception de Leurs Majestés, devront être rendues au lieu de réunion à 10 heures précises.

Les voitures qui les auront conduites seront échelonnées le long de la rue Cassini, dans le même ordre qu'elles devront suivre après le cortége Impérial.

Art. 4. Dès 6 heures du matin jusqu'à midi, la circulation des charrettes et des bêtes de somme chargées, sera interdite dans la rue et sur la route de Villefranche.

Art. 5. De 8 heures jusqu'à midi, sera interdite dans la même rue et sur la même route la circulation des chevaux, des voitures et des personnes.

Art. 6. Il est en outre défendu de stationner sur la route et sur le bord des propriétés contiguës.

Art. 7. Leurs Majestés se rendront au Palais Impérial, en suivant la place Napoléon, les boulevards du Pont-Vieux et du Pont-Neuf, la place Charles-Albert, la place des Phocéens, la rue Saint-François-de-Paule, le Cours et la place du Gouvernement.

Art. 8. Les corporations et les députations des Communes devront être rangées sur le parcours du Cortége Impérial, en conformité des instructions de M. le Préfet, avant 9 heures. Des inscriptions supportées par des mâts vénitiens indiqueront la place de chaque corporation et de chaque députation.

Art. 9. A 9 heures, la circulation des voitures et des personnes cessera sur toute la ligne que devra parcourir le Cortége Impérial. Sont exceptées seulement les voitures des Autorités se rendant, en uniforme ou en costume, à la place Napoléon, pour assister à la réception de Leurs Majestés, et celles des dames et des jeunes personnes se rendant au palais. Cette exception cessera au moment où le canon annoncera l'entrée de Leurs Majestés sur le territoire de la Commune.

Art. 10. Les propriétaires des maisons situées sur tout le parcours que suivra le Cortége Impérial, sont invités à tenir leurs croisées ouvertes et à les pavoiser aux couleurs nationales.

Il est expressément défendu :

1° De monter sur les toits des maisons ;

2° De se tenir debout sur les fenêtres et laisser sur les

dites fenêtres des vases ou autres, objets pouvant nuire par leur chute ;

3° De monter sur les parapets des ponts, sur les arbres et candelabres ;

4° De suivre les voitures du Cortége Impérial ;

5° De jeter soit sur la voie publique, soit dans les voitures de Leurs Majestés Impériales, ou dans celles de la Cour, des fleurs, pétitions ou autres objets, comme d'en présenter directement à Leurs Majestés. (Les pétitions seront reçues au Palais Impérial ; elles pourront être reçues par deux agents marchant de chaque côté de la voiture de LL. MM.)

6° Aux enfants de circuler ou de stationner sur la voie publique, à moins qu'ils ne soient accompagnés de leurs parents ;

7° De faire circuler sur la voie publique, après sept heures du matin, des chevaux non attelés ;

8° De laisser dans les rues, ou sur les places, des voitures, charrettes, camions. Les propriétaires de ces véhicules qui ne pourront pas les remiser, sont autorisés à les placer en ordre sur la place d'Armes, ou dans le lit du Paillon ;

9° De tirer des pétards, ou autres pièces d'artifice sur la voie publique.

Art. 11. Après le passage du Cortége Impérial, les corporations et les députations formant la haie, resteront à leur place pour défiler devant le Palais Impérial dans l'ordre suivant, et sans quitter le rang qui leur aura été assigné.

Les médaillés de Sainte Hélène, qui seront placés aux abords du Palais, formeront la tête de la colonne ; les députations des arrondissements de Puget-Théniers, Grasse et Nice les suivront.

La colonne, après avoir défilé sur la place du Gouvernement, passera par la rue du Pont-Neuf, la place Saint-Dominique, les rues de la Boucherie, du Collet et Pairolière, et ira se séparer sur la place Napoléon.

Art. 12. Les Autorités, qui auront l'honneur d'être reçues par Leurs Majestés, entreront au palais par la porte de la trésorerie, sur la rue du Gouvernement. Les voitures qui les conduiront iront se ranger sur la place de la Poissonnerie.

Art. 13. Immédiatement après le défilé devant le Palais, les grilles de la promenade du Château seront ouvertes aux personnes munies de billets d'entrée, ainsi qu'à MM. les Maires et Adjoints des Communes ceints de leur écharpe ; elles seront fermées une demi-heure avant l'arrivée de Leurs Majestés.

Art. 14. L'entrée des grilles sera défendue aux voitures, elles devront s'arrêter au pied des deux rampes et, après avoir déposé les personnes, se placeront sur une seule file dans les rues Ségurane, et Emmanuel-Philibert.

Art. 15. Du moment où les grilles du Château seront fermées, jusqu'à ce que Leurs Majestés soient rentrées au Palais, la circulation des voitures sera interdite dans les rues du Gouvernement et du Pont-Neuf jusqu'à la place Saint-Dominique, sur cette place, sur les boulevards à partir de la descente de la Caserne et sur la place Napoléon.

Art. 16. Le soir, les édifices publics, les rues et promenades seront illuminés. Les propriétaires sont invités à illuminer leurs maisons.

Art. 17. Les portes du théâtre ne s'ouvriront pour le bal qu'à 8 heures et demie.

Les voitures qui amèneront les invités, arriveront par la place des Phocéens et la rue Saint-François-de-Paule, sur une seule file, dont la tête ne pourra dépasser la ruelle entre le théâtre et l'établissement des bains. Après avoir déposé les invités, les voitures suivront la rue de la Terrasse, et iront stationner sur la place Masséna. Il est interdit aux cochers de rompre la file sous aucun prétexte.

Le même ordre sera suivi à la sortie du théâtre.

Toutefois les voitures des Autorités et fonctionnaires en costume, ou en uniforme, pourront arriver par la rue de l'Hôpital, et seront de préférence admises à les déposer à la porte du théâtre.

Dans la rue Saint-François-de-Paule et les rues aboutissantes, les voitures marcheront au pas.

Art. 18. A neuf heures ¹/₂ et jusqu'à la sortie de Leurs Majestés du théâtre, la circulation et le stationnement des voitures sont interdits sur le Cours et dans la rue Saint-François-de-Paule jusqu'au débouché de la rue de la Terrasse. Le stationnement des piétons est également interdit aux abords du théâtre.

Journée du 13 septembre.

Art. 19. Le 13, à sept heures du matin, jusqu'au retour de Leurs Majestés de la visite au port de Villefranche, la circulation des voitures sera interdite dans la rue du Pont-Neuf, sur la place Saint-Dominique, sur les boulevards, sur la place Napoléon, dans la rue et sur la route de Villefranche.

Art. 20. A une heure de l'après-midi, la circulation des voitures sera interdite dans la rue du Pont-Neuf, sur la place Charles-Albert, sur le quai Masséna et la promenade des Anglais, jusqu'au retour de Leurs

Majestés de leur excursion à l'embouchure du Var.

Art. 21. Le soir, à sept heures, les corporations et les députations seront placées comme à l'arrivée de Leurs Majestés, et la circulation des voitures et des personnes sera interdite sur tout le parcours du Cortége Impérial, dans la rue et sur la route de Villefranche, sur les boulevards et dans les rues aboutissantes, ainsi qu'il a été prescrit aux art. 4, 5 et 6, dont les dispositions seront exécutées comme la veille.

Art. 22. Les édifices publics, les rues et promenades seront, comme la veille, illuminés, et les propriétaires aussi sont invités à illuminer leurs maisons.

Art. 23. L'heure et le lieu où sera tiré le feu d'artifice seront ultérieurement annoncés au public.

Art. 24. Le Commissaire central de Police et les Commandants de la force publique sont chargés, chacun en ce qui le concerne, d'assurer l'exécution du présent arrêté.

Fait à Nice en l'Hôtel-de-Ville, le 7 septembre 1860.

Le Maire de Nice, MALAUSSÉNA.

Vu et approuvé :

Le Préfet des Alpes-Maritimes,

R. PAULZE-D'IVOY.

N. B. Dans la journée de vendredi 14, le Public sera admis, de midi à 5 heures, à visiter la salle du bal, et de 2 heures à 5 heures, le Palais Impérial.

Concitoyens !

La présence de l'EMPEREUR et de l'IMPÉRATRICE, excite partout le plus vif enthousiasme ; et les ovations populaires les plus imposantes accompagnent les Augustes Voyageurs.

Dans ces grandes manifestations de l'esprit national, Nice doit prendre le rang qui lui appartient.

Aux sentiments d'admiration, de dévouement et de fidélité déjà gravés profondément dans nos cœurs, les bienfaits dont la munificence de l'Empereur nous a comblés, ont ajouté celui de la reconnaissance.

Donnons libre cours à l'expression de ces nobles sentiments. Prouvons, que nous aussi, nous avons l'instinct de la vraie grandeur et de la vraie puissance de la France. Prouvons que nos cœurs sont en harmonie avec la beauté de notre ciel et avec la douceur de notre climat.

Que notre accueil soit tel, que l'Empereur et l'Impératrice ne puissent quitter sans regret notre rivage, et que le désir de le revoir germe dans leur cœur, aux échos de nos acclamations enthousiastes.

Vive l'Empereur !

Vive l'Impératrice !

Vive le Prince Impérial !

Fait à Nice, à l'Hôtel-de-Ville, le 6 Septembre 1860.

Le Maire, Malaussena.

—

Enfin, l'initiative individuelle, heureuse de manifester ses sentiments d'allégresse et de prouver sa reconnaissance aux Augustes Visiteurs dont chaque pas était signalé par quelque bienfait, publia, elle aussi, son manifeste. Un Comité, organisé par M. A. de Longérinas, fit afficher l'ordre du jour suivant :

Fêtes des Décrets

RETRAITE AUX FLAMBEAUX
Aujourd'hui, 11 août, Place Napoléon.

—

Composition du Cortége :

1° Un peloton de cavalerie, commandé par un sous-officier, chaque cavalier portant un hampe surmontée d'une torche ;

2° A 10 pas, le caporal sapeur et un peloton composé de 6 sapeurs au premier rang et de 5 grenadiers au second rang, ayant chacun un transparent à emblême ;

3° A 10 pas le tambour-major et ses tambours ;

4° A 2 pas, la fanfare et les clairons ;

5° A 5 pas, la musique ;

6° Deux files de 50 hommes chacune, chaque homme ayant une torche, le premier de chaque file placé à hauteur du premier rang des tambours, les autres à deux pas de distance, serviront à encadrer les corporations d'état et les autres personnes qu'on pourra placer dans le cortége, de manière que ces derniers, marchant en ordre et par rang de six, se trouvent à deux pas de distance ;

7° 10 hommes, placés sur deux rangs, ayant chacun une torche, fermeront la marche du cortége.

Itinéraire.

Départ de la place Napoléon : le Boulevard du Pont-Neuf, place Saint-Dominique, (*station*). Descente de la Caserne, (*station*). Le Boulevard, Pont-Neuf, Quai Masséna, rue de la Croix-de-Marbre, rue de France, rue du Lavoir, Promenade des Anglais, (*station*). Quai

Masséna, Pont-Neuf, Boulevard du Midi, la Poissonnerie, (*station*). Le Cours, rue du Cours et la place Saint-Domique (*où `a lieu la fin de la retraite*).

Dispositions générales.

La retraite sera battue aujourd'hui, à 8 heures sur la place Napoléon.

Les personnes devant faire partie du cortége se réuniront à 7 heures du soir, sur la place Napoléon, pour être placées immédiatement après leur arrivée, dans l'ordre qu'elles devront toujours observer pendant la marche.

Enfin, pour donner toute la solennité que comporte cette manifestation de dévouement à nos Augustes Souverains, avant leur entrée dans notre ville, chacun, par une attitude digne, vrai maintien du bon ordre, préparera l'affectueuse et la respectueuse réception qui attend Leurs Majestés.

Nous savons, du reste, que nous pouvons compter sur le concours de la population Niçoise, dont les bons sentiments sont connus.

VI.

Enfin, voici le dernier avis, publié par la Préfecture à l'occasion de l'arrivée de Leurs Majestés à Nice :

Les députations qui n'ont pas encore reçu leurs drapeaux devront venir les prendre sur la promenade du Cours, auprès de la Préfecture (ancienne intendance), le 12 septembre, de 6 à 7 heures du matin.

Les députations seront rangées sur le parcours du cortége par les soins de MM. les Sous-Préfets et conseillers de préfecture. Je déléguerai en outre des commissaires, porteurs d'une carte indicative de leurs attributions, afin de concourir à l'exécution des mesures ainsi arrêtées.

Les députations seront rangées sur deux rangs, par arrondissement et par canton, depuis la place Napoléon (ancienne place Victor) jusqu'à la place du gouvernement exclusivement, en suivant les Boulevards, la rue St François-de-Paule et le Cours, le tout dans l'ordre qui suit :

1° L'arrondissement de Nice commencera à la place Napoléon.

2° L'arrondissement de Grasse, vers le Pont-Neuf.

3° L'arrondissement de Puget-Théniers, comprenant les cantons de Guillaumes, Puget-Théniers, Roquesteron, St Étienne et Villars.

La députation du chef-lieu devra être placée en tête de celles du canton. Les députations des autres communes viendront après en suivant l'ordre alphabétique.

Des inscriptions supportées par des mâts vénitiens indiqueront, pour plus d'exactitude, l'emplacement assigné à chaque députation.

MM. les Maires, les Curés, les Adjoints, les membres du Conseil Municipal et les membres de la Légion-d'Honneur prendront la tête des députations. — Le drapeau de chaque Commune, placé au centre, sera accompagné par les médaillés de Ste Hélène et, autant que possible, porté par l'un d'entre eux.

Nice, le 29 août 1860.

Le Préfet des Alpes-Maritimes,
R. Paulze-d'Ivoy.

VII.

Préparatifs des Fêtes.

Pendant que l'Autorité prenait des mesures d'ordre, en prévision de l'arrivée des populations du département, qui se donnaient rendez-vous à Nice pour accueillir LL. MM. l'Empereur et l'Impératrice, — sur tous les points de la ville, les préparatifs de fêtes étaient poussés avec une fiévreuse activité.

M. Sabattier, architecte du département, avait été chargé de rendre l'ex-palais du Gouvernement digne de servir, pour quelques heures, d'habitation impériale. Ce palais s'est trouvé, comme par magie, transformé tant à l'intérieur qu'à l'extérieur ; en quelques jours, les appartements ont été reconstruits intérieurement.

La place du Palais a été transformée en un grand hexaèdre, dont la partie circulaire du milieu est réservée pour les voitures et les Cent-Gardes ; les massifs des angles sont couverts de magnolias ; aux extrémités, on remarque des aloès et, tout autour, de jeunes palmiers au milieu d'un parterre émaillé de fleurs.

Le mur d'enceinte, qui enfermait le jardin, a été démoli et remplacé par une jolie grille dorée, style Louis XV. Deux gaînes en pierre de taille portent deux têtes colossales de la *Paix* et de la *Victoire* ; deux boucliers, coupés par des palmes, sur lesquels on remarque le nom des batailles d'Italie, sont attachés à ces gaînes et donnent à cette grille un cachet antique.

Le jardin, qui ressemblait à un cimetière de village avec ses cyprès et ses balustrades de bois peint, a été remanié complètement et transformé en une pelouse, dont le vert gazon repose doucement la vue. Au centre sont deux jolis bassins avec jets d'eau.

La porte d'entrée, au midi, a subi un heureux changement : deux cariatides sur des gaînes supportent des consoles Louis XV. Au-dessus un grand balcon en marbre dont la balustrade est recouverte d'une draperie en velours cramoisi à franges d'or.

Les panneaux de la façade sont décorés de candélabres à 15 branches, ornés de couronnes. Au-dessus des panneaux, des oriflammes tricolores portent les inscriptions : « *Vive l'Empereur ! Vive l'Impératrice ! Vive le Prince Impérial ! Vive la France !* »

Au comble sont attachées des banderoles vertes au chiffre de l'Empereur et toutes bordées d'or.

Entrons dans le Palais.

Sous le vestibule, les plafonds des extrémités représentent des panneaux Louis XV. Au milieu se trouve une rosace à laquelle se rattachent quatre lanternes en bronze doré de la même époque.

Au pendentif se trouve la pièce capitale : l'Empereur, sur son char guidé par la *Victoire* et couronné par la *Renommée*, fait son entrée à Nice. La ville de Nice est représentée par une femme qui serre le drapeau de la France, en s'écriant : « *Enfin je suis française.* »

Pour quiconque assistait à la représentation du théâtre impérial de Nice le 14 juin, jour de l'annexion, il n'est pas difficile de voir que les vers de M. Théodore de Banville, et le jeu de Mlle Daubrun, qui, représentant la ville de Nice, soulevait des tempêtes d'applaudissements par ces simples mots : « *Enfin je suis française!* » — ont dû être le point de départ de cette composition aussi largement comprise que sévèrement exécutée.

N'oublions pas l'aigle et l'étoile au dessus du char de l'Empereur. Le reste de la décoration est en stuc : la frise est ornée d'abeilles d'or. Aux quatre angles, à partir du pendentif, quatre figures de grandeur naturelle représentent : la *Force*, la *Justice*, la *Paix* et la *Guerre*.

MM. Costa, Gaya et Raymondi sont les artistes qui ont, sur les dessins ou sous la direction de M. Sabattier, exécuté ces décorations artistiques.

Arrivons au premier étage, en franchissant un escalier dont les degrés sont recouverts d'un magnifique tapis et chargés de fleurs comme il est impossible d'en trouver ailleurs qu'à Nice.

Dans la salle d'entrée des Aides-de-Camp, on a placé le buste de l'Empereur sur une magnifique console dorée. Aux quatre coins de la salle, sont de grandes figures dorées représentant les quatre Saisons ; elles tiennent des candélabres à six branches, dont les bougies se refléteront dans les miroirs. De cette salle on entre dans le salon de l'Empereur. On a disposé sur des consoles et des cheminées une rare et magnifique collection de bronzes antiques florentins.

On remarque parmi ces richesses artistiques :

Un Apollon, des Mercures, plusieurs Hercules, dont un appuyé sur sa massue, des guerriers romains, un groupe représentant le rapt des Sabines par Jean de Bologne, une Vénus, deux chevaux en course, deux beaux vases grecs avec d'incomparables bas-reliefs.

De ce salon, on entre dans la chambre à coucher de l'Empereur. On y voit un grand lit en fer génois, doublé d'un étoffe en soie verte. Une petite porte donne accès dans la toilette de Sa Majesté. A côté se trouve le boudoir de S. M. l'Impératrice. Plusieurs tableaux d'une grande valeur ornent aussi toutes ces pièces. Citons, entre autres un portrait du fameux Masaniello, par Salvator Rosa ; la mort d'Adonis, par le Primatice, l'auteur des fresques qui décorent la salle de Diane à Fontainebleau, et une Sainte-Vierge de Francesco-Francia.

Ce dernier tableau, qui est placé dans la chambre à coucher de l'Impératrice, a excité l'admiration des deux grandes-duchesses Marie de Leuchtemberg et Hélène de Russie, qui ont passé l'hiver à Nice. Sur la cheminée de la chambre de l'Impératrice, on voit deux candélabres du temps de Louis XIV, d'un dessin artistique dont on a perdu la trace aujourd'hui ; vis-à-vis de la cheminée il y a une console, richement sculptée et dorée, avec une armoire d'ébène contenant un service à thé, en ancienne porcelaine de Chine.

De la chambre de l'Impératrice on passe dans un cabinet rose, qui sert de toilette, et de là dans une vaste galerie où l'on admire des bronzes magnifiques : deux bustes des impératrices romaines, un grand buste de Louis XIV doré, et un groupe représentant Tarquin tuant Lucrèce, chef-d'œuvre de Jean de Bologne. Ces bronzes faisaient anciennement partie du fameux musée du Chancelier Camburzano à Turin.

En revenant sur ses pas et en passant de nouveau par la salle des Aides-de-Camp, on entre dans la salle du Trône, ornée de deux grands portraits de LL. MM. Des consoles dorées supportent des bronzes magnifiques, entre autres un remarquable buste de Marc-Aurèle, dont la tête est en bronze et le reste en améthiste. De cette salle on passe dans trois grands salons où sera servi le grand dîner que LL. MM. donneront à la ville de Nice.

Nous regretterions d'oublier le nom de M. Hauser, parmi ceux des artistes qui ont contribué à embellir le Palais Impérial. Les œuvres de ce maître ne datent pas d'hier ; il y a dix ans que tous les connaisseurs les ont admirées au Palais du Gouvernement. L'heureux privilége des grands artistes est de mériter partout et toujours le droit de bourgeoisie.

A côté des œuvres artistiques, distribuées avec une sage profusion, il ne faut pas oublier de signaler l'habileté avec laquelle on a su tirer parti de la disposition des étoffes et des tapisseries; l'art du décorateur sert à mettre en valeur les œuvres du peintre et du sculpteur. Dans les appartements de LL. MM., au premier étage, nous avons remarqué surtout le salon particulier aux tentures d'un bleu de smalt sombre, la chambre or et sinople, celle qui l'avoisine, délicieux asile destiné au repos de l'Impératrice, où le blanc et le rose se confondent dans un suave agencement. Là, en face du lit à rideaux de précieuses dentelles, une délicate attention a placé sur une console, afin qu'elle fût toujours sous les yeux maternels, la statuette du Prince Impérial en petite tenue de grenadier de la Garde. A côté de cette chambre se trouvent une salle de bain et un boudoir d'une inexprimable coquetterie, laissant glisser sur des lices de satin rose des trumeaux de mousseline, retenus par des embrasses de ruban. Les dispositions de ces trois dernières pièces sont d'un goût trop exquis et révèlent trop clairement les attentions délicates d'une femme élégante et d'une jeune mère, pour ne pas trahir les conseils de Mme Paulze-d'Ivoy.

En revenant au haut de l'escalier du premier étage,
nous apercevons les chambres de M. Conneau, premier
médecin de LL. MM., et du général Fleury, premier
écuyer de l'Empereur.

Au second étage, à droite, au-dessus des appartements
de LL. MM. se trouvent les appartements des dames
d'honneur. MM. les aides-de-camp occupent au même
étage les appartements à gauche ayant vue sur la place
du Gouvernement.

Du côté de la rue, au 1er et au 2me étage, tout en faci-
litant la correspondance entre les différentes pièces, une
galerie légère permet de jouir de la douceur des soirées
sous le beau ciel de Nice. Et, comme les fleurs sont la
parure éternelle du pays, on a confié à M. Marion le
soin de transformer ces deux galeries en jardins improvisés. L'horticulteur s'est acquitté de cette tâche avec
tant d'habileté que LL. MM., en parcourant ces salons
parfumés, ont dû croire à l'existence d'une serre royale
où les fleurs peuvent vivre en plein air, grâce à la douceur
du climat de Nice.

L'aspect de la galerie du premier étage, dite *des
Palmiers*, rappelle ces immenses salles de l'Orient, où
le bruit des eaux et l'aménagement des palmiers donnent
à l'ensemble un caractère singulièrement pittoresque.
L'artiste a choisi pour ses arcades la forme ogivale.
Il savait bien que la palme s'attacherait mieux à la tige

simulée ; le plafond en treillage de forme gothique
laisse échapper des bouquets de fleurs. Dans la partie du
milieu qui laisse le ciel à découvert, on remarque la
toilette de Vénus. Autour de la déesse viennent se grou-
per des Cupidons, apportant chacun l'un de ses atours.
Au centre, une fontaine en marbre avec des plantes
aquatiques. Cette fontaine, de forme elliptique, moitié
dans la galerie, moitié sur la cour, est soutenue par une
coquille.

—

Du 1er au 6 septembre, la Municipalité adresse environ
quinze cents invitations pour le Bal offert par la Ville
de Nice à Leurs Majestés.

Le Théâtre Impérial subit, en vue de ce bal, une
série de modifications importantes. Un plancher commun
établit le plain pied entre le parterre et la scène. De
cette façon, la salle se trouve agrandie non seulement
de l'espace occupé par l'action dramatique, mais encore
de tout l'enfoncement rempli par les portants, la toile
et les engins qui amènent les changements à vue. Ainsi
débarrassé, l'édifice présente des proportions bien aérées
et vraiment imposantes.

Au dessus de l'espace occupé par les décors, le vide
est dissimulé par un plafond volant en toile, ébauchée

à grands traits. Une estrade, réservée à l'orchestre, occupe le fond de la salle et fait face à la loge Impériale, à laquelle on parvient à l'intérieur, au moyen d'un double escalier en hémicycle, garni de tentures en velours cramoisi à crépines d'or, servant d'appui à des espaliers de fleurs rares et à quatre cariatides dorées, de grandeur naturelle, supportant dans des vases des cactus aux corolles de flamme.

La loge est tapissée en velours vert abeille. Elle a pour cimier les armes de la Dynastie Napoléonienne sculptées avec un goût parfait dans les ateliers de M. Ansaldi. La loge Impériale est complétée par un vaste salon, tendu en velours rouge, sur lequel s'ouvre à gauche un buffet et un cabinet de toilette pour S. M. l'Impératrice.

Un escalier particulier richement tapissé, à gauche du péristyle, inaccessible au public, permettra à Leurs Majestés d'arriver à leur loge. Dans la salle, quatre cariatides, pareilles à celles de l'hémicycle d'entrée, se dressent devant les loges d'avant-scène.

Dans les rues, sur les places, des mâts vénitiens supportent l'écusson impérial, le drapeau national ou l'oriflamme.

Sur la place Napoléon un arc de triomphe monumental porte l'inscription : La ville de Nice reconnaissante à S. M. Napoléon III Empereur des Français.

Comme contraste avec l'arc de triomphe sévère dressé sur la place Napoléon, l'extrémité du Cours en possède un d'une décoration plus légère et qui rappelle mieux les splendeurs perpétuellement printanières de la campagne de Nice. C'est un treillis féerique contenant à peine dans ses échalas dorés un feu d'artifice de fleurs fraîchement épanouies. Ce gracieux portail est dédié à l'Impératrice.

Au Château, l'on mène de front la charpente de la terrasse supérieure et le parquet qui recouvre la plateforme de la tour d'où l'Empereur, considérant à la fois le plan régulateur de la cité de Nice et la ville elle-même, sera à même d'indiquer les améliorations à y introduire. L'exécution de ces travaux fait le plus grand honneur à M. Aune, architecte de la ville.

Par les soins de l'ingénieur des ponts-et-chaussées, on place, le long du cours du Var, des jalons pour indiquer le lit qui sera laissé ultérieurement aux eaux endiguées, et la portion du bassin à conquérir pour l'agriculture. Grâce à ces points de repère, l'Empereur pourra apprécier l'importance des travaux.

VIII.

A mesure que l'heure approche, l'impatience augmente.

Dès le 9 septembre, un nombre considérable d'étrangers arrive dans nos murs. Les hôteliers ne peuvent satisfaire aux demandes qui leur sont adressées, et pas une famille peut-être n'est sans recevoir des parents, des amis, des connaissances. La population tout à coup double pour le moins, et l'hospitalité s'exerce sur les bases les plus cordiales.

Déjà les fenêtres se pavoisent, les étoffes destinées à la confection des drapeaux français, malgré de récents approvisionnements, manquent dans presque tous les magasins.

Le clergé de Nice, qui s'est montré si énergiquement français au moment de l'annexion, veut témoigner une fois de plus son patriotisme. Mgr Sola, évêque de Nice, adresse, le 9 septembre, une circulaire aux Curés des différentes paroisses de la ville pour les inviter à commencer un *Triduum*, à l'occasion de l'heureuse arrivée de Leurs Majestés Impériales dans son diocèse. Cette circulaire engage, en outre, les prieurs des diverses confréries de la ville, à pavoiser les façades et les clochers des églises pendant le jour et à les illuminer à la tombée de la nuit.

Enfin, le 10 septembre, l'escadron du 4e Hussards fait son entrée à Nice. A son arrivée, il est passé en revue par les généraux Corréard et d'Oraison. La foule se presse sur les pas de ces brillants cavaliers, pour leur

souhaiter la bienvenue et pour les saluer des acclamations de

VIVE LA FRANCE !
VIVE L'EMPEREUR !

Pendant toute la journée du 11, les habitants de
Nice fraternisent avec les soldats du 4e Hussards;
ils s'informent curieusement de la réception faite à
Leurs Majestés à Lyon, à Marseille et en Savoie. Les
hussards répondaient sans hésiter, faisaient d'intermina-
bles descriptions de fêtes qu'ils n'avaient pas vues, et
inquiétaient l'amour-propre des habitants, jaloux de dépasser tout ce qui leur était raconté. Nous sommes certain
que si, la veille de l'arrivée de LL. MM., on eût reconnu
la nécessité d'ouvrir une souscription de cent mille francs
pour doubler l'éclat des fêtes, elle eût été couverte en
moins d'une heure.

IX.

La retraite aux flambeaux, annoncée pour le soir,
devait, dans cette disposition des esprits, être le commencement des fêtes et, pour ainsi dire, le prélude de
cet enthousiasme dont les manifestations se sont mul-
tipliées pendant le séjour de Leurs Majestés au milieu
de leurs nouveaux sujets.

M. de Longérinas, — qui s'est trouvé en tête de tous

les comités chargés de recevoir et de fêter les troupes
françaises pendant leur passage à Nice, au début et à
la fin de la campagne de Lombardie, — avait voulu
donner à cette fête une signification particulière. Dans
un avis, publié par le *Messager de Nice*, M. de Longérinas déclarait que la Fête des Décrets avait pour
but d'associer dans un même sentiment de reconnaissance :

Le Gouvernement Impérial qui avait su effacer une
iniquité des traités de 1815 ;

L'armée française, dont le sang versé pour la cause
italienne, avait facilité l'accomplissement des projets de
l'Empereur ;

L'autorité départementale, dont la conciliante initiative
avait fait disparaître, comme par enchantement, les derniers vestiges d'une opposition, heureuse enfin d'accepter
le privilége de la nationalité française, en voyant que
le fonctionnaire , chargé d'organiser le département ,
accueillait avec empressement tous les hommes de cœur,
de bonne foi et de bonne volonté, guidés par l'amour
de la patrie, la reconnaissance au gouvernement impérial
et l'intérêt du pays ;

L'Administration Municipale, dont le concours loyal
et efficace a singulièrement facilité la tâche des fonctionnaires qui sont arrivés à Nice, investis de la confiance
du gouvernement.

X.

11 Septembre.

A 7 heures du soir, plus de huit mille personnes se trouvaient groupées sur la place Napoléon.

A 8 heures précises, les tambours battaient la retraite, et tout le cortége, joyeux, enthousiaste, se mettait en marche vers le boulevard du Pont-Neuf. Partout sur son passage retentissaient les acclamations de : *Vive la France ! Vive l'Empereur ! Vive l'Impératrice !*

A toutes les fenêtres on improvisait une brillante illumination et, en même temps, on installait des drapeaux français qui ne devaient être retirés qu'après le départ de Leurs Majestés.

La retraite, sous la conduite de M. Dejean, capitaine au 90me, continuait à dérouler le long des boulevards son défilé d'éclatantes lumières et d'innombrables drapeaux.

La population locale, les habitants du département qui ne cessaient d'arriver par toutes les routes du littoral et de la montagne se pressaient sur les pas de cette double haie de soldats porteurs de torches, et semblaient jaloux de faire constater la patriotique allégresse qui rayonnait sur leur front.

Un ordre parfait présidait à cette marche nocturne :

Avant-garde de hussards au riche dolman, tenant, en guise de pique, une hampe enflammée ; sapeurs soutenant des transparents sur lesquels rayonnaient les mots :

ENDIGUEMENT DU VAR.

CHEMIN DE FER ET ROUTES.

LYCÉE IMPÉRIAL, ETC. ETC.......

Malgré la bonne volonté de l'organisateur, il avait fallu renoncer à faire une énumération complète ; la générosité Impériale avait fourni une trop longue liste de bienfaits. Mais l'enthousiasme de la ville, répondant aux acclamations du cortége, rendait plus imposante cette manifestation désignée sous le nom de

FÊTE DES DÉCRETS.

Le Cortége a stationné sur la place Saint-Dominique. M. le Préfet du département se trouvait à l'Hôtel de l'Univers. Pendant qu'il recevait une députation, dont faisaient partie MM. De Longérinas ; Pollan ; Léon Féraud ; Sauvan ; Victor Tiranty ; Gastaud ; Laurenti de Tourette et Paulian, — des feux de bengale rougissaient la façade des édifices, et l'orchestre exécutait l'air de *La Reine Hortense.*

M. De Longérinas a chaleureusement remercié M. Paulze d'Ivoy de l'activité qu'il avait déployée pour la protection des intérêts du pays ; il lui a dit que, en

reconnaissant la part qui appartient à M. le Préfet dans
la détermination des bienfaits émanant de l'Empereur,
il était certain de n'être que l'interprète des populations
du département.

M. De Longérinas tenait à la main un magnifique
bouquet : comprenant l'intention des visiteurs, M. le
Préfet appela Mme Paulze-d'Ivoy qui accepta gracieusement cette offrande. M. le Préfet répondit à nos concitoyens que, dévoué à S. M. l'Empereur, il s'efforçait
de remplir la tâche qui lui avait été confiée, et que ces
témoignages de sympathie étaient pour lui une récompense et un encouragement.

En sortant de l'Hôtel de l'Univers, la députation donne
le signal du départ en faisant entendre les acclamations
de *Vive lEmpereur! Vive la France!* qui retentissaient
encore quand le cortége vint s'arrêter sous les fenêtres
de M. Malaussena, Maire de la ville.

M. Maxime Sauvan, portant la parole au nom de la
députation, exprime à M. le Maire la reconnaissance dont
était pénétrée la population de Nice pour le chef de la
municipalité, dont le zèle pour les intérêts de la ville ne
s'était jamais ralenti.

M. le Maire, sensible à la démarche de nos concitoyens, s'estime heureux de pouvoir consacrer ses soins
à l'administration d'une ville pour laquelle il bravera
toute fatigue. Il n'ose pas promettre de faire beaucoup, mais il est certain que sa bonne volonté ne sera
jamais en défaut.

Trois autres stations ont lieu, sous les fenêtres du général Aurelles de Paladine, sous celles du général Corréard et du colonel du 90ᵐᵉ. Il était trop naturel que les vainqueurs de Solferino reçussent la visite et les remercîments de ceux qu'ils avaient rendus à leur patrie véritable.

La gracieuse romance, plus que jamais actuelle, de *la Reine Hortense*, le *Chant des Niçois*, de Léopold Amat, étaient exécutés par la musique et répétés par des milliers de concertants improvisés.

A 10 heures, la promenade aux flambeaux était terminée, les acclamations avaient cessé ; la ville se livrait au repos pour être prête dès le matin du 12 septembre.

Vers 11 heures du soir, cependant, des acclamations recommençaient pour saluer les Cent-Gardes qui, arrivés à Villefranche dans la journée, venaient, place Saint-Dominique, occuper les logements qui leur avaient été préparés par les soins de la municipalité, à côté du Palais Impérial.

DEUXIEME PARTIE.

—

SÉJOUR DE LEURS MAJESTÉS A NICE

—⊶⊗⊷—

Journée du 12 Septembre.

I.

Dès le matin, la ville de Nice voit arriver de tous côtés les communes de l'arrondissement, qui défilent dans les rues et vont, longtemps avant l'heure, occuper le poste qui leur a été assigné.

Chaque députation a son drapeau portant, avec le nom de la commune, des inscriptions patriotiques, au bas desquelles on remarque invariablement celles-ci : *Vive l'Empereur ! Vive l'Impératrice ! Vive le Prince Impérial!* Les Maires sont revêtus de leurs écharpes. Le clergé s'est associé à ce mouvement populaire et, générale-ment, le curé de chaque commune accompagne la députation.

L'empressement général des populations ne saurait nous surprendre, mais il doit être constaté à raison surtout de sa sincérité. Les populations niçoises répondent une fois de plus, de la manière la plus noble, à tout ce qui a été dit sur leurs sentiments et leurs aspirations.

De braves habitants de la campagne, se rappelant l'éclatante manifestation du 15 avril, disent en montrant le drapeau de leur commune : « Aujourd'hui nous ne votons pas avec des billets ; nous votons avec notre drapeau tricolore. »

Nice est pavoisée comme jamais elle ne le fut ; dans toutes les rues, aussi loin que la vue puisse s'étendre, on aperçoit des drapeaux aux fenêtres des plus humbles demeures. Les plus pauvres tiennent autant que les plus riches à dire : « Nous sommes français ! »

Ceux qui ont douté des sentiments des Niçois ne les connaissaient pas ; ils pourraient se convaincre aujourd'hui de leur erreur ; la population semble en proie à une fièvre ardente, la joie se peint sur tous les visages, l'enthousiasme n'attend que l'occasion d'éclater.

Vers 7 heures du matin, l'escadre impériale est en vue à la pointe du phare d'Antibes ; tous les yeux tournés à l'horizon suivent le mouvement des cinq navires.

À 8 huit heures, la circulation cesse dans les rues, les voitures des fonctionnaires seules se rendent vers la

place Napoléon. M. le Préfet, accompagné de M. le
général Corréard et de M. Jolivot, secrétaire général de
la Préfecture, part pour Villefranche.

Dans le programme primitivement arrêté, Leurs
Majestés Impériales devaient débarquer à Nice ; mais
l'étroitesse de la passe et le peu de largeur du port ont
fait renoncer à ce projet ; la flottille impériale passe
devant l'anse de Nice sans s'y arrêter et jette l'ancre dans
la rade de Villefranche, où elle arrive vers 8 heures et
demie. La citadelle répond lentement par quelques
coups de canon aux bordées de la marine impériale.

M. le Préfet des Alpes-Maritimes et M. le général
commandant la subdivision se rendent à bord de
l'*Aigle*, où se trouvent LL. MM. l'Empereur et l'Impératrice avec toute leur maison militaire et S. E. le
maréchal Castellane.

Les personnes qui ont l'honneur d'accompagner
LL. MM., sont :

Mmes la comtesse de Rayneval, dame du Palais.
La comtesse de la Poèze,   id.
De Sancy,   id.
MM. Le général Fleury, premier écuyer aide-de-camp.
Le général Lebœuf, aide-de-camp.
Le général Frossard,   id.
Le colonel Lepic, 1er maréchal des Logis du Palais.
Le comte Bacciocchi, 1er chambellan.

MM. Le vicomte de Laferrière, chambell. de l'Empereur.

Le comte de Castelbajac, écuyer   id.

Le capitaine baron Klein de Kleinemberg, officier d'ordonnance.

Le capitaine marquis de Gallifet,   id.

Le docteur Conneau, 1er médecin de l'Empereur.

Le comte de Lagrange, écuyer de l'Impératrice.

Le comte Tascher de la Pagerie, maréchal des Logis du Palais.

Pietri, attaché au cabinet de l'Empereur.

Amyot, inspecteur du télégraphe.

Yrvoix, inspecteur général de police.

Sur la *Reine-Hortense* se trouvent M. le général de division d'Aurelles de Paladines et M. Lécuyer d'Attainville, député du Var.

L'escadre impériale se compose de l'*Aigle*, de la *Reine-Hortense*, de l'*Eylau*, du *Vauban* et de la *Gloire*.

II.

Débarquement à Villefranche.

Il était dix heures précises lorsque Leurs Majestés Impériales ont débarqué à Villefranche. L'intérieur du port était décoré de drapeaux et de tentures. Un plancher, surajouté au quai de pierre, a permis au yacht l'*Aigle*

de débarquer ses Augustes Passagers de plain pied. Pendant que la suite dont faisait partie M. le Préfet mettait pied à terre, M. Jolivot, Secrétaire général de la Préfecture, a présenté le Maire et le Conseil Municipal, le Commandant de place, les autorités civiles et militaires et le Clergé de Villefranche à LL. MM.

Tandis que les batteries de Villefranche et de Mont-Alban ébranlaient les lointains et sonores échos de la Ligurie et de la Provence, tandis que les carillons des églises annonçaient la venue si longtemps désirée, M. le Maire de Villefranche a prononcé le discours suivant :

« Sire,

« Madame,

« J'ai l'honneur de vous présenter le Conseil Municipal de Villefranche.

« La population de cette ville est heureuse et fière que ses représentants soient admis les premiers à saluer la bienvenue des Souverains de leur choix dans le département des Alpes-Maritimes ; je me félicite de pouvoir vous exprimer sa reconnaissance et son dévouement.

« Sire,

« Villefranche a formulé à l'unanimité le vœu de rentrer dans le sein de la Nation Française ; ce vote est le premier dont les résultats soient parvenus à M. le sénateur qui remplit si dignement sa mission. Mes administrés ont ainsi témoigné combien ils partagent l'admiration et les sympathies du monde civilisé pour l'Élu des 86 anciens départements.

« Ils partagent aussi, Madame, la respectueuse émotion qu'inspire partout la présence de Votre Majesté, dont le nom est devenu un symbole de grâce et de bonté ; leurs cœurs s'associent à Votre sollicitude maternelle, et ils regrettent de ne pouvoir acclamer à vos côtés le jeune Prince en qui repose l'avenir de la Dynastie Impériale. »

VIVE L'EMPEREUR !

VIVE L'IMPÉRATRICE !

VIVE LE PRINCE IMPÉRIAL !

La fille du Maire, charmante enfant de 12 à 13 ans, se précipitant aux pieds de l'Impératrice, a ajouté d'une voix balbutiante d'émotion, en lui présentant un bouquet :

« MADAME,

« Puisque mon cœur n'a pas la force de vous exprimer les sentiments de bonheur qu'éprouve cette population en vous voyant arriver parmi nous, Votre Majesté voudra bien accepter ce bouquet en témoignage sincère de dévouement et de fidélité. »

VIVE L'EMPEREUR !

VIVE L'IMPÉRATRICE !

VIVE LE PRINCE IMPÉRIAL !

Pendant que l'Impératrice embrassait cette gracieuse enfant, l'Empereur répondait avec bonté au discours de M. Ferry.

L'ordre du départ est donné.

Les voitures de la Cour sont précédées et suivies par:

Un piquet de gendarmerie,

Un peloton de ces magnifiques hussards bleus et rouges, à dolman gracieusement passementé, venus, pour la circonstance, à marches forcées de Tarascon ;

Un peloton des Cent-Gardes, aux casques et aux cuirasses étincelantes ;

Les acclamations de *Vive l'Empèreur ! Vive l'Impératrice ! Vive le Prince Impérial ! Vive la France !* poussés par les habitants de Villefranche, d'Eze, de Trinité Victor et de Turbie, ont dû longtemps encore retentir aux oreilles des Augustes Visiteurs, pendant qu'ils se dirigeaient vers Nice par cette route accidentée, qui gravit la montagne dont le prolongement forme le Cap Montboron, puis franchit le col de Villefranche en passant au pied du fort Mont-Alban, et redescend sur Nice en présentant aux yeux enchantés la plus délicieuse des perspectives.

III.

Entrée à Nice.

La rue de Villefranche, avec ses mâts vénitiens, a été rapidement franchie. A l'entrée de la place Napoléon,

sous un immense pavois de pourpre, les autorités muni-
cipales, avec tous les chefs des différents services,
attendaient le Chef de l'État, pour lui offrir les clefs de
la ville, posées sur un coussin de velours.

M. Malaussena, Maire de la Ville, les Lui a présentées
en s'exprimant ainsi :

« SIRE ,

« MADAME ,

« Le jour où le drapeau de la France vint flotter de
nouveau sur ses murs, Nice n'eut plus qu'un vœu à
former : c'était de voir et d'acclamer dans son glorieux
Souverain, — le Héros, dont le génie a naguère brillé
d'un si grand éclat sur les champs immortels de Magenta
et de Solferino !

« Ce vœu est aujourd'hui satisfait, et Nice Vous
attend, — Sire, — frémissante de joie et d'enthousiasme,
pour Vous exprimer son dévouement et sa reconnaissance.

« En son nom, j'ai l'honneur de vous offrir ces clefs,
— symbole des liens indissolubles qui l'attachent à Votre
Auguste Personne et à votre Dynastie.

« Daignez les accepter, Sire ;

« Ce sont les clefs d'une ville dont la fidélité fut de
tout temps la noble devise, — d'une ville que vous avez
comblée de bienfaits, qu'elle ne pourra jamais oublier,
— d'une ville prête au besoin à vous prouver que, si elle
aime ses Souverains avec transport, elle saurait aussi les
défendre au prix de tous les sacrifices.

« Madame,

«La beauté du ciel et la douceur du climat font toute
la richesse de Nice.

« C'est vous dire combien elle est fière de vous avoir
pour Souveraine; combien elle est heureuse d'étaler à
vos yeux les charmes que la Providence s'est plue à
répandre autour d'elle.

« Votre cœur généreux et charitable trouvera parmi
nous aussi des misères à soulager, des souffrances à
adoucir; et les bénédictions des malheureux se mêleront
aux acclamations de vos nouveaux sujets.

« Mais le plus grand bienfait que Nice puisse attendre de Votre Majesté, c'est qu'Elle ne la quitte que pour
y revenir bientôt avec le Prince Impérial.

« Voilà le vœu que Votre Majesté trouvera dans tous
les cœurs et sur toutes les lèvres au milieu des cris de :

Vive l'Empereur !
Vive l'Impératrice !
Vive le Prince Impérial !

L'Empereur a répondu « qu'il était profondément
touché des sentiments exprimés au nom de la population
par M. le Maire de la ville. J'ai présent à la mémoire,
ajoute l'Empereur, le vote du 15 avril, et j'ai voulu
venir moi-même en remercier les habitants de ce beau
pays. »

Les acclamations, contenues jusque-là, ont éclaté avec une force et une expansion vraiment extraordinaires. Les cris de *Vive l'Empereur ! Vive l'Impératrice! Vive le Prince Impérial !* se mêlaient à ceux de *Vive la France !* Le sentiment des Niçois se révélait dans toute sa force et dans toute sa spontanéité.

Au milieu de ces tonnantes acclamations, Leurs Majestés ont traversé lentement la place Napoléon. Les proportions de ce vaste rectangle, entouré de belles constructions, ont paru frapper les Augustes Visiteurs ; peut-être se rappelaient-ils, comme un certain nombre des assistants émus, que là, en 1796, Bonaparte, au début de la campagne d'Italie, fit sa première harangue aux soldats, lassés et mutinés, à qui le jeune général apportait à la fois l'espérance et la victoire.

Leurs Majestés passent sous l'arc de triomphe de la place Napoléon et continuent leur route vers le Palais Impérial au milieu d'une haie, formée par les militaires du 90ᵉ et du 11ᵉ de ligne, et par les députations. Devant chaque commune éclate une immense acclamation. C'est un ensemble inouï d'unanimes applaudissements, de félicitations enthousiastes, qui semble la solennelle affirmation du peuple, attestant à Dieu que ceux à qui il a confié le sort de la France s'acquittent noblement de cette tâche.

Le cortége parcourt lentement les boulevards du Pont-Vieux, du Pont-Neuf, la place Charles-Albert, aux façades récemment achevées, la place des Phocéens et la rue St-François-de-Paule, destinée à devenir un jour le centre du commerce, quand un spéculateur intelligent aura réalisé le vœu de tous les propriétaires de ce quartier, en reliant par un pont le Jardin Public et la place des Phocéens.

Au bout de cette large voie, qui ne déparerait pas Paris, l'Impératrice aperçoit son nom sur l'arc de triomphe élevé à l'entrée du Cours. Elle sourit et attire l'attention de l'Empereur. Les applaudissements éclatent, les acclamations redoublent, et un involontaire attendrissement gagne tous les cœurs en voyant l'infatigable affabilité avec laquelle l'Impératrice s'efforce de reconnaître ces hommages naïfs et respectueux.

Sur la place du Palais, se trouvaient rangés en bon ordre les Médaillés de Ste-Hélène, témoins et acteurs des drames glorieux du premier Empire. Tous émus, immobiles, contemplaient leur nouvel Empereur, tous le saluaient d'un cri, qui avait plus d'une fois sur les champs de bataille, donné le signal de la déroute de l'ennemi : *Vive l'Empereur ! Vive l'Empereur !*

Nous avons entendu un grand nombre de ces vieux soldats s'écrier, la voix brisée d'émotion : « Maintenant nous pouvons quitter la vie. Nés Français, nous emportons dans la tombe l'ineffable consolation de mourir citoyens de la France, et nous laissons nos enfants à la garde de Napoléon. »

IV.

Réception.

A peine Leurs Majestés sont-elles arrivées au Palais, disposé, comme nous l'avons dit, avec un luxe vraiment impérial, que les réceptions ont commencé.

D'abord les jeunes filles de la ville, chargées de complimenter l'Impératrice, ont été reçues dans la galerie des Palmiers. Voici la liste de ces jeunes demoiselles :

Mlles Malaussena, sœurs.	Mlles Antoinette Leotardi.
Rose Michaud.	Émilie Deyderi.
Mathilde de Cessoles.	D'Auvare sœurs.
Clémence Roissard.	Albertine Elisy.
Clotilde d'Achiardi.	Eveline Flores.
Marie Laurenti.	Leclerc.
Louise Bonnaire	Torrini.
Louise Lacroix.	Roux.
Ernestine Balestre.	Sauvan.
Constance Bonfils.	

Mlle Malaussena, la plus jeune fille de M. le Maire, a présenté au nom de ses compagnes, un de ces admirables bouquets que Nice seule sait faire éclore et rassembler; en même temps Mlle Malaussena l'aînée, encouragée par la séduisante bienveillance de sa Souveraine, prononçait les paroles suivantes :

« MADAME,

« Devant l'Auguste Présence de Votre Majesté nous nous sentons fières d'être Françaises, et nous bénissons le vote unanime de nos pères et de nos frères qui ramène notre charmant pays sous le trône glorieux où s'assied tant de grâce et tant de bonté.

« Daignez, Madame, accueillir l'hommage des vœux que nos jeunes cœurs adressent au ciel pour Vous, pour l'Empereur et pour le Prince Impérial.

« Daignez aussi accepter ces fleurs, modestes emblèmes des sentiments de Nice, qui n'a d'autres désirs ni d'autres besoins que de Vous aimer et de Vous plaire. »

Ce compliment, dans sa charmante simplicité, a eu le mérite de toucher si vivement l'Impératrice, que S. M., par un mouvement dont nous ne saurions décrire toute la grâce et l'effusion, a embrassé les deux jeunes filles, heureuses jusqu'au fond du cœur du succès de leur virginal hommage.

Voici le nom des Dames et Demoiselles qui ont été présentées à S. M. l'Impératrice.

ARRONDISSEMENT DE NICE.

Femmes des Fonctionnaires.

Mmes Paulze-d'Ivoy, femme du Préfet.

Corréard, femme du Général commandant la subdivision militaire.

Malaussena, femme du Maire de Nice.

Levet, femme du sous-Préfet de Grasse.

Girard (Prosper), femme du premier Adjoint au Maire de Nice.

Boutau, femme du troisième Adjoint au Maire de Nice.

Mazel, femme du Procureur Impérial près le Tribunal de 1re Instance de Nice.

C^{sse} de Castelvecchio, femme du Receveur général des finances.

Guilhem, femme du Colonel du 90me régiment de ligne.

Arvet, femme du Directeur des contributions directes.

Viney, née d'Hennezel, femme du Conservateur des fôrets.

Dames de la ville de Nice.

Mmes Abbo, née Roubaudy.
C^{sse} Achiardi, née Benalua.
B^{nne} Arnaud, née Héraud.
Avigdor, née Kaulla.
C^{sse} de Cessoles, née de Castellane.
B^{nne} Durante, née Malaussène.
Girard (Eugène) née Pontio.
C^{sse} Laurenti, née Carles.
Leotardi, née de la Penne.
Lubonis, née Gaudet.

Mmes Massa, née Thaon.
C^{sse} de Malaussène de Peillon.
C^{sse} Michaud de Beauretour née Raynaldi.
Michaud, née Mari.
De Norvins.
C^{sse} Ongran, née Michaud.
B^{nne} Prost.
De Ricordi, née Esménard.
B^{nne} Roissard de Bellet, née Durante.
B^{nne} d'Auvare, née Sallieri.

ARRONDISSEMENT DE GRASSE.

Noms des Dames, femmes de Fonctionnaires et autres.

Mmes Levet.
    Touraud.
    Mougins de Roquefort.
    Legoff.
    Rostan.
    Chauve.
    Isnard.

Mmes Bon.
    Carbonel.
    Amic-Luce.
    Luce.
    Luce-Paul.
    Marty.

Noms des jeunes personnes.

Mlles Luce.
    Perolles sœurs.
    Martmencq
    De Favas.

Mlles Ferraud.
    Vidal.
    Aubri.
    Gavaux.

Immédiatement les présentations des fonctionnaires commencent et ont lieu dans l'ordre suivant :

Mgr l'Evêque de Nice, ses Vicaires généraux, le Chapître de la Cathédrale et le Clergé du Diocèse.

S. E. le Ministre plénipotentiaire de l'Empereur, près la Cour de Turin.

MM. les Consuls et vice-Consuls de France, à Port-Maurice, Vintimille, Oneille, Monaco, La Bordighiera et San Remo.
Les Consuls et Agents Consulaires étrangers.

Les officiers généraux et personnages de distinction étrangers
{
Génl Bagawood.
C. de Bezobrazow.
S. E. le Gouverneur de la Principauté de Monaco.
}

MM. Lecuyer d'Attainville, député au Corps-Législatif.

Les Membres du Conseil Général.

Le Général Comm.ᵗ la subdivision et ses Aides-de-camp.

Le Général comte d'Oraison, son aide-de-camp et le Général Partounaux.

Le Général Rolland, en disponibilité, et le Général Maizière.

Les Sous-Préfets et Membres du Conseil de Préfecture.

Les Officiers de l'état-major de la subdivision.

Le Commissaire de l'Inscription Maritime, les fonctionnaires et employés de la Marine.

Le Sous-Intendant Militaire et les Officiers d'Administration.

Le Président, le Procureur Impérial, le vice-Président, et les membres du Tribunal de 1ʳᵉ Instance et du Parquet de Nice et de Grasse.

Le Maire, les Adjoints et les membres du Conseil Municipal de Nice.

L'Inspecteur d'Académie et les fonctionnaires de l'Instruction publique.

Les Membres du Tribunal de Commerce de Nice.

Le Président et les Membres du Tribunal de Commerce de Grasse.

Id.   id.   id.   d'Antibes.

Les Juges de paix de l'Arrondissement de Nice.

Id.   id.   de Grasse.

Id.   id.   de Puget-Théniers.

Les Maires des Chefs-lieux de Canton de l'arrondissement de Nice avec le Secrétaire général.

Le Conseil d'Arrondissement de Grasse avec le Sous-Préfet.

Les Maires des Chefs-lieux de Canton de l'Arrondissement de Grasse.

Les Maires des Chefs-lieux de Canton de l'Arrondissement de Puget-Théniers avec le Sous-Préfet.

Le Commandant et les Officiers de Gendarmerie.

MM. Le Colonel et les Officiers du 11ᵉ Régiment de ligne.
    Id.   id.   90ᵉ   id.
    Id.   id.   4ᵉ   de Hussards.

L'État-Major de la Place.

Les Membres de la Légion-d'Honneur.

Le Commissaire Central et les Commissaires de Police.

L'Ingénieur en chef, les Ingénieurs et Conducteurs des Ponts et Chaussées et des Mines, avec les Officiers de Port.

L'Ingénieur en chef et les Ingénieurs du chemin de fer de Toulon à Nice.

L'Inspecteur Général et l'Inspecteur des Finances.

Le Receveur Général des Finances, le Receveur particulier de Grasse et le Percepteur de Nice.

Le Préposé-Payeur de l'armée d'Italie, et les Officiers-Payeurs.

Le Directeur et les Fonctionnaires de l'Administration des Contributions Directes.

Le Directeur et les Fonctionnaires de l'Administration des Douanes.

Le Directeur et les Fonctionnaires de l'Administration des Contributions Indirectes.

Le Directeur et les Fonctionnaires de l'Administration de l'Enregistrement et des Domaines.

Le Conservateur et les Fonctionnaires de l'Administration des Forêts.

L'Inspecteur et le Directeur des Postes.

Le Régisseur de la Manufacture des Tabacs et les Fonctionnaires de l'Administration.

Le Directeur et les Employés des lignes Télégraphiques.

Le Directeur de la Succursale de la Banque de France.

La Chambre d'Agriculture et de Commerce de Nice.

La Chambre Consultative des Arts et Manufactures de Grasse.

Les Conseils de Prud'hommes d'Antibes et de Cannes.

La Société Centrale d'Agriculture et d'Acclimatation du Département.

La Chambre Consultative d'Agriculture de l'Arrondissement de Grasse.

Le Directeur provisoire et les Agents du Service Sanitaire.

Le Directeur des établissements Pénitentiaires.

Le Vérificateur des Poids et Mesures.

Les Employés de la Préfecture.

Lorsque le Maire de Nice, accompagné du Conseil municipal, entre dans le salon où LL. MM. l'Empereur et l'Impératrice, debout, reçoivent les Autorités, l'Empereur s'adressant à M. Malaussena, lui dit :

« Monsieur le Maire, je vous charge de remercier pour moi vos compatriotes; veuillez leur témoigner, de ma part, le plaisir que m'a causé l'accueil de la Ville de Nice. »

Un certain nombre de discours sont prononcés; et, entre autres, ceux qui suivent :

Mgr l'Évêque de Nice :

Sire,

« L'Evêque, le chapitre et le clergé du Diocèse de Nice se félicitent de l'insigne honneur, qui leur est accordé aujourd'hui, de déposer personnellement aux pieds de Votre Majesté Impériale, la vive et sincère expression de leur inaltérable fidélité.

Madame,

« Accueillez aussi l'hommage de nos respects et de nos vœux: ils vous sont dus comme à l'Auguste Représentante de la Providence parmi nous ; comme à la Princesse qui a voué tant d'amour à la France ; comme à l'épouse chérie de notre Souverain bien-aimé; comme à la Mère qui a donné à la patrie un Prince auquel s'attachent de si douces espérances, et qui sera le continuateur des bienfaits d'un grand règne.

Sire,

« Pendant que nos transports de joie et de reconnaissance vous accueillent dans notre cité, si heureuse de vous recevoir, les applaudissements, qui ont accompagné votre course triomphale, retentissent encore dans les villes que Votre Majesté vient de parcourir : ce sont moins des sujets qui honorent leur Souverain, que des enfants comblés de faveurs qui acclament leur Père.

« Nous, ministres du Sanctuaire, qui nous sommes donnés, il y a cinq mois, à Votre glorieux Empire avec le plus vif et le plus unanime élan, nous Vous acclamons aussi, Sire, à un double titre, et comme le bienfaiteur des peuples, et comme le plus puissant défenseur de la religion et de l'ordre social.

« Oui, Sire, si la Providence vous a départi, avec toutes les qualités qui distinguent les plus grands monarques, une grande pénétration, une vaste étendue de vues, une énergique fermeté de résolution ; si elle a mis en vos mains une puissance à laquelle nulle autre ne peut être comparée sur la terre, c'est qu'elle vous a donné, et chacun le reconnaît, la grande et noble mission de protéger la société déconcertée.

« Jamais, Sire, de plus redoutables erreurs ne se sont mêlées à de plus généreux instincts : la religion est attaquée dans ses dogmes, l'Église dans son chef, la société dans ses bases mêmes.

« Sire, les regards de tous les hommes d'ordre sont tournés vers Vous ; Souverain de la nation par laquelle Dieu fait exécuter ses volontés, fils aîné de l'Eglise, successeur de Pepin et de Charlemagne, sauvez la société chrétienne en protégeant efficacement l'Eglise sur laquelle elle repose.

« C'est avec la plus vive satisfaction que nous voyons déjà, Sire, vos glorieux drapeaux déployés en Orient pour la défense de cette société attaquée par la barbarie payenne, et par la férocité musulmane; que déjà depuis douze ans ils abritent à Rome le vénérable et saint Pontife, que ses vertus, sa douceur et son caractère sacré n'auraient pas suffi à protéger contre d'aveugles passions.

« Achevez votre œuvre, Sire, complétez votre sublime mission : la France donne le mouvement au monde, et vous êtes le cœur, la tête et le bras de la France ; Dieu, dont vous défendrez la cause, saura bien défendre la vôtre.

« Soyez, Sire, la joie de l'Eglise, comme vous êtes déjà le bonheur, la gloire et l'amour de vos peuples.

SIRE, MADAME,

« Ils vont être trop tôt écoulés les moments que vous avez daigné consacrer à la visite d'une province, où vos pas ont été précédés par tant de bienfaits. Nos cœurs et nos vœux vont Vous suivre à travers les mers, sur des terres aussi françaises et vous ramener au sein de votre capitale auprès du jeune prince objet de vos affections. Mais si l'amour d'une population reconnaissante, si la douceur du climat de Nice, la beauté de ses sites, les magnifiques transformations, qui vont s'opérer ici sous votre bienveillante impulsion, devaient bientôt vous reconduire au milieu de nous, nos désirs seraient pleinement satisfaits.

M. le Président du Tribunal de première instance de Nice :

« SIRE,

« Le retour du Comté de Nice à la France lui a rendu des frontières élevées par la Providence elle-même ; mais l'allégresse et l'enthousiasme qui accueillent Votre Majesté sur cette terre privilégiée lui disent assez qu'Elle trouverait un rempart encore plus solide dans l'attachement de ces bonnes et vaillantes populations.

« Ce peuple n'est ni oublieux ni ingrat, et, tout en

gardant du passé un souvenir qui l'honore à vos propres yeux, c'est avec bonheur qu'il a acquitté une dette de reconnaissance et de patriotisme.

« Le Tribunal de Nice compte dans ses rangs des hommes qui, après avoir dignement servi leur ancien souverain, ont suivi avec l'élan de leur cœur le grand mouvement national qui a fait de cette magnifique contrée l'une des provinces les plus françaises de la France.

« Ils sont heureux comme nous tous de déposer aux pieds de Votre Majesté l'humble hommage de leur gratitude et de leur respect.

« Ces sentiments sont ceux de toute la magistrature de ce pays. Elle connaît l'importance de ses devoirs, mais il n'en est aucun qu'elle place au-dessus de la fidélité et du dévouement dont nous sommes tous pénétrés en faveur de Votre Auguste Personne.

« Que Votre Majesté, Sire, me permette de lui présenter en même temps les membres du barreau et MM. les avoués, qui, en sollicitant cet honneur exceptionnel, ont eu à cœur de protester à leur tour de leur entière fidélité et de leur respectueux dévouement.

« MADAME ,

« Ces populations qui vous saluent avec tant d'amour savaient depuis longtemps l'éclat que jettent sur le trône les vertus et les grâces de notre Souveraine vénérée.

« Nice française est heureuse et fière que votre gloire devienne sa gloire, et c'est dans l'effusion de nos cœurs que nous adressons au Ciel nos vœux les plus chers pour l'Empereur, pour Votre Majesté, Madame, et pour ce Noble Enfant dont l'avenir résume pour notre patrie tant d'espérances et de promesses. »

M. Sennequier, doyen d'âge du Conseil général du département :

« Sire,

« Je tiens de l'âge l'honorable privilége de vous présenter le Conseil Général du département des Alpes-Maritimes et d'offrir à Votre Majesté l'hommage de félicitations en cette heureuse circonstance.

« Les membres composant ce Conseil Général, qui naguère appartenaient à des pays différents, ne sont plus, aujourd'hui, que des Français également dévoués à Votre Majesté et également reconnaissants des bienfaits que vous doit déjà ce département dont s'agrandit votre puissant Empire.

« Daignez, Sire, agréer l'assurance de ces sentiments profondément gravés dans nos cœurs.

« Madame,

» Vos vertus et vos grâces ont placé le bonheur sur le trône. Puissent Vos Majestés, ainsi que le Prince Impérial, espoir de la Patrie, jouir longtemps et à tout jamais de ce trône et de ce bonheur, et pour vous et pour la gloire de la France entière ! »

V.

Aussitôt après les réceptions officielles, LL. MM. l'Empereur et l'Impératrice se sont placées au balcon qui donne sur la cour d'honneur du Palais Impérial, et le défilé des Communes a commencé.

Les médaillés de Ste Hélène, pour la plupart anciens compagnons de Masséna, leur compatriote, formaient la tête de la colonne.

Venaient ensuite les députations des communes de chacun des trois arrondissements, de Puget-Théniers, Grasse et Nice, Maires et Conseils municipaux en tête.

A ce moment a commencé une scène d'enthousiasme qui a dépassé tout ce que l'on pouvait attendre de l'esprit national des nouveaux citoyens de l'Empire Français.

Au dire des journalistes parisiens qui ont eu l'heureuse fortune de constater les splendides réceptions faites à l'Empereur et à l'Impératrice, depuis leur départ de St-Cloud, — ni Lyon, ni la Savoie, ni Marseille, ces trois grandes étapes du voyage impérial, n'ont rien offert de plus solennel, de plus sincère et de plus entraînant que ce défilé des communes de l'ancien comté de Nice, admises par la première fois à contempler leurs nouveaux Souverains. En considérant le noble visage du vainqueur de Magenta et de Solferino, nos compatriotes, qui donnèrent naguère aux premières divisions de l'armée d'Italie une si large et si fraternelle hospitalité, se sentaient fiers d'être rattachés pour toujours à la grande nation française et à son héroïque Monarque ; la beauté de Sa Majesté l'Impératrice semblait les fasciner. Le défilé, dont la durée s'est trouvée prolongée hors de toute prévision par la persistance des acclamations et la lenteur calculée avec laquelle les députations ivres de joie passaient devant le balcon, a dû s'achever hors de la présence de Leurs Majestés Impériales, qui, malgré la satisfaction évidente qu'Elles éprouvaient, ont été obligées de céder à la fatigue et prendre quelques instants de repos.

Mais leur absence momentanée n'a pas arrêté l'inévitable manifestation de l'élan populaire, et longtemps après le départ de Leurs Majestés Impériales, les cris de : *Vive l'Empereur ! Vive l'Impératrice ! Vive le Prince Impérial ! Vive la France !* retentissaient encore sur la place du Palais, dans toute la longueur du Cours et dans toutes les rues adjacentes.

N'oublions pas la députation des femmes du marché, la plupart venues de la campagne et toutes éblouies par l'imposante beauté de S. M. l'Impératrice, qui a daigné les accueillir avec tant de bonté, que ces braves femmes, en sortant de la galerie où elles avaient été introduites, manifestaient leur joie en dansant, en riant, en chantant et en pleurant, et toutes ne trouvaient qu'un cri pour traduire leur enthousiasme : *Vive l'Impératrice ! Vive*

l'Impératrice ! Tous les spectateurs s'associaient à cette
sincère démonstration, commandée par le dévouement
le plus pur et par la plus respectueuse admiration.

VI.

Promenade au Château.

Cette mémorable journée nous réservait une nouvelle démonstration, non moins éloquente de l'inépuisable enthousiasme des Niçois.

Nous cédons la parole à M. Auguste Vitu, publiciste
parisien. Le passage de sa lettre, adressée au *Consti-
tutionnel*, a un accent si sincèrement ému, que nous,
qui avons vu l'écrivain sondant les consciences, étudiant
les physionomies, nous sommes heureux d'enregistrer
son témoignage.

« Il avait été décidé que l'Empereur ferait vers quatre
heures une excursion au vieux château. Ce n'était pas
là, il s'en faut bien, une promenade de pur agrément ;
on sait que l'Empereur, dans ses voyages, est toujours
guidé par le désir d'étudier lui-même et de préparer

sur place les solutions réclamées par les intérêts généraux ; et tout le programme du voyage actuel est calculé
dans ce but.

« De même que Sa Majesté Impériale a visité la vieille
ville de Marseille, et la nouvelle ville de Toulon pour se
former une opinion personnelle sur les projets d'utilité
publique préparés par l'administration départementale et
municipale, de même l'Empereur avait voulu monter au
vieux château de Nice, parce que, de ce point culminant,
Sa Majesté pourrait embrasser d'un coup d'œil le plan
de la ville, ses abords et le tracé des routes, et apprécier
ainsi divers projets auxquels le département des Alpes-
Maritimes attache une grande importance.

« Ce vieux château ne présente qu'un monceau de
ruines ; mais il s'élève sur une éminence assez forte,
au-dessus de la partie droite du port, et il marque nettement le commencement de l'arc de cercle que décrit
l'anse de Nice, et qui se termine au cap occidental,
auquel conduit la promenade des Anglais, et qui sépare
cette anse de l'embouchure du Var.

« Une terrasse macadamisée, plantée d'arbres et garnie
de bancs, a été ménagée au sommet des ruines ; elle
sert de promenade aux étrangers assez courageux pour
braver l'ardeur du soleil et l'escarpement des pentes
poudreuses par lesquelles on y accède, et qui sont
bordées de grands cactus aux feuilles acérées et tran-

chantes comme des sabres, aussi communs ici que
l'herbe des chemins dans le centre et le nord de la
France.

« Les nombreux lacets de la route du vieux château,
et même les flancs à pic de la colline étaient littérale-
ment recouverts par la foule ; et quelle foule ! Tous
grimpaient dans des sentiers de chèvres ou culbutaient
dans les rochers, dans un seul but, avec une seule
pensée, apercevoir l'Empereur, crier : *Vive l'Empereur !*
et *Vive la France !* Aussi, quand Sa Majesté Impériale
a paru, il s'est fait sur la colline comme un tremblement
pareil à celui qui, la semaine dernière, précipitait dans
la rade de Marseille une partie de la montagne du Frioul.
Les cris de : *Vive l'Empereur !* retentissaient de la base
au faîte, il en sortait des haies de cactus et du sein des
amas de pierres roulantes ; ceux qui avaient crié au pied
de la colline s'efforçaient, en s'accrochant des pieds et des
mains, d'arriver plus haut pour crier encore, et cet assaut
forcené donné aux ruines du vieux château par les
assistants ne s'est arrêté qu'à l'enceinte réservée qui
avait été préparée pour l'Empereur, et qui défendait les
derniers abords de la terrasse supérieure.

« Sur cette terrasse, où, par les soins de la municipalité, on avait préparé sous une tente une élégante col-
lation, se trouvaient réunies les principales autorités du
département des Alpes-Maritimes, plusieurs personnages
et dames de distinction. L'Empereur était accompagné
par M. le général de division Frossard, M. le préfet des

Alpes-Maritimes, M. le maire de Nice et ses adjoints. M. Jolivot, secrétaire général de la préfecture, MM. les sous-préfets de Puget-Théniers et de Grasse, l'ingénieur en chef du département, M. le procureur impérial de Nice, etc., etc. étaient également présens. M. Lacroix, consul d'Angleterre, et Mme Lacroix ; deux Russes depuis longtemps fixés à Nice, M. le général Bagawoodt et M. Besabresoff ont eu l'honneur d'être présentés à l'Empereur qui a daigné leur adresser quelques paroles pleines d'affabilité.

« Au dessous de la terrasse se trouve une sorte de terre-plain où l'on avait placé la musique du 90e régiment de ligne, qui, de concert avec les choristes du théâtre Impérial, les chanteurs Niçois amateurs, les élèves des écoles chrétiennes, ont exécuté divers morceaux d'harmonie et une nouvelle cantate de M. Léopold Amat intitulée le *Chant des Alpes-Maritimes*, et dont voici les paroles :

A l'Empereur Napoléon III.

—

CHŒUR GÉNÉRAL.

Battez aux champs, tambours battez !
Sonnez clairons, cloches sonnez !
Sonnez clairons !
Tonnez canons !
Nos voix chantent toutes en chœur : *(bis)*
Salut *(ter)* au puissant EMPEREUR !

Gloire à celui qui de la France,
Si fièrement tient le drapeau !
Gloire à celui dont la puissance
Nous ouvre un avenir nouveau !

Attendons tout de sa sagesse
Qui nous promet des jours heureux :
La paix, le travail, la richesse,
C'est là l'objet de tous ses vœux.

Mais si dans un jour de folie,
L'étranger voulait envahir
Le sol sacré de la Patrie,
Jurons de vaincre ou de mourir !

Autour de sa noble bannière
Nos fils ce jour-là marcheront,
Pendant que nos bras défendront,
En vrais Français, notre frontière.

Gloire à celui qui de la France
Si fièrement tient le drapeau !
Gloire à celui dont la puissance
Nous ouvre un avenir nouveau !

CHŒUR GÉNÉRAL.

Battez aux champs, tambours battez !
Sonnez clairons, cloches sonnez !
Sonnez clairons !
Tonnez canons !
Nos voix chantent toutes en chœur : (bis)
Salut (ter) au puissant EMPEREUR !

A l'Impératrice Eugénie.

—

Salut à notre Souveraine,
Plus belle que nos belles fleurs,
Que les pauvres nomment leur reine,
Et dont la main (*bis*) sèche les pleurs.

Même avant de vous avoir vue,
Nos Cœurs, Madame, étaient à vous,
Nous gardions (*bis*) nos chants les plus doux
Pour fêter votre bienvenue.

Que vos jours soient d'or et de soie,
O notre noble Souveraine ;
Que chaque heure pour vous amène
Calme, bonheur, amour et joie ! *(bis)*

CHOEUR GÉNÉRAL.

Battez aux champs, tambours battez !
Sonnez clairons, cloches sonnez !
Sonnez clairons !
Tonnez canons !
Nos voix chantent toutes en chœur : (*bis*)
Salut (*ter*) au puissant EMPEREUR !

Au Prince Impérial.

—

Salut aux vertus, au génie !
Salut aux splendeurs du présent !
Salut encor au cher absent !
Au Prince, espoir de la Patrie !
Grâce à vous, Mère fortunée,
La race des forts durera !
Un jour, grâce à vous, il ssra
Digne de son grand nom et de sa destinée.

Ah ! s'il veut, plus tard, à son tour
Visiter sa Nice fidèle,
Avec quels transports et quel zèle
Nous chanterons comme en ce jour !

CHŒUR GÉNÉRAL.

Battez aux champs, tambours battez !
Sonnez clairons, cloches sonnez !
Sonnez clairons !
Tonnez canons !
Nos voix chantent toutes en chœur : (bis)
Salut (ter) au puissant EMPEREUR !

« Le panorama de la terrasse est splendide ; mais je ne vous le décrirais pas, n'ayant malheureusement pas de temps à perdre en descriptions pittoresques, si cela n'était utile pour l'intelligence des plans soumis à l'Empereur, qui étaient l'objet de sa visite.

« Vous savez que Nice fait face à la mer et s'élève en amphithéâtre jusqu'aux montagnes qui ferment son horizon du côté du Nord ; en tournant le dos à la mer, on a à ses pieds à l'ouest et au nord, la ville de Nice, l'ancienne et la nouvelle, et à l'est le port. La pointe qui déborde votre droite, au-delà du port, c'est le cap Montboron, remarquable par deux curiosités d'un genre très différent : la célèbre grotte du docteur Le Fèvre, abondante en ossemens fossiles, et la villa prodigieuse d'un Anglais millionnaire, le colonel Smith, espèce de palais fortifié dans le goût mauresque, et qui n'est pas encore achevé après avoir coûté plus de quinze cent mille francs ; sur la tour centrale, le colonel Smith avait courtoisement arboré le pavillon tricolore, tandis que, sur les donjons du nord et du midi, flottait l'étendard britannique. Immédiatement au-dessus de la villa Smith passe, sous le feu du fort Montalban, la route de Villefranche, tracée dans le col de ce nom. Après le col de Villefranche, et en rétrogradant vers l'ouest, s'élève un groupe de montagnes sur le flanc desquelles serpente la route de Nice à Gênes, connue dans l'univers entier sous le nom de route de la Corniche. Viennent ensuite au centre de la ligne d'horizon, les montagnes de Drap qui, dans leurs replis, abritent un édifice colossal, le couvent de Saint-André, habité jadis par les capucins ; plus au fond et plus à l'est encore, c'est le mont Chauve, que son nom décrit suffisamment ; enfin, à l'ouest un édifice d'un goût majestueux et rare, le château du Piol.

« Tout l'espace compris entre la ville de Nice et la ligne de faîte des montagnes est rempli par des bois d'oliviers et d'orangers, qui servent de ceinture à d'innombrables villas, où se déploie le faste des touristes anglais ou russes qui s'y réfugient pendant l'hiver.

« Une ligne aride et désolée, courant du nord-est au sud-est, traverse ce riant tableau et le dépare comme une cicatrice dans un beau visage. C'est le lit du Paillon, un torrent qui ne contient pas en ce moment assez d'eau pour remplir une carafe, et dont le lit de gravier, se déployant sur une largeur d'environ 30 mètres au travers de la ville de Nice, est en ce moment rempli de charrettes, de diligences et de chevaux qu'on a remisés parfaitement à sec. On le traverse sur deux ponts.

« Le quai de la rive gauche est occupé par de beaux boulevards : le boulevard du Pont-Neuf et le boulevard du Pont-Vieux qui font partie de la route ci-devant royale de Nice à Gênes ou de la Corniche, aujourd'hui route impériale n° 7, tandis que le quai de la rive droite est occupé par d'affreuses masures, délabrées et malsaines, aussi déplaisantes à l'œil que nuisibles à la salubrité publique. On a conçu le projet de reporter la route impériale sur la rive droite du Paillon, en perçant une vaste trouée à travers les vieilles maisons, et on la raccorderait à la route actuelle, par la construction d'un troisième pont sur le torrent, en face de la place Napoléon. L'étude à vol d'oiseau de ce plan si utile était l'objet principal de l'excursion de l'Empereur au vieux château. »

Réparons un oubli de M. Vitu, qui, étranger au pays, n'a pas pu constater toutes les gracieuses attentions de l'Empereur. Nous empruntons cette anecdote à la *Revue de Nice*.

Après s'être entretenu avec M. Malaussena des graves intérêts de la ville, l'Empereur, accompagné du Préfet, s'est dirigé vers un groupe de dames au milieu duquel se trouvait Madame la comtesse de Cessole, et lui dit :

— « Madame, voilà le plus beau pays qu'il m'ait jamais été donné de voir. C'est au-dessus de ce que je m'étais imaginé. L'Impératrice regrettera de n'avoir pu m'accompagner.

— « Ah ! Sire, a répondu Mme de Cessole, c'est en décembre et en janvier qu'il faut voir notre pays. Quand tout le reste de l'Europe est couvert de neige et de frimas; Nice voit encore le soleil et les roses. L'hiver est la vraie saison de Nice. »

— « Vraiment, a dit l'Empereur, ce doit être admirable. (1) »

Continuant cette conversation avec les dames qui l'entouraient, l'Empereur déclara que les habitants d'un si beau pays devaient, tous, être heureux, et qu'il voulait que personne n'eût à regretter l'annexion du Comté de Nice à l'Empire français.

Avant six heures, l'Empereur rentrait au Palais, recueillant sur le passage les salutations qui devenaient de plus en plus accentuées à mesure que la population s'habituait davantage à l'affabilité et à la simplicité conciliante de ses Hôtes Augustes.

Nous avons pu cependant constater un regret qui jaillissait du cœur de tous les assistants ; ce regret était causé par l'absence de l'Impératrice, dont le nom se joignait dans les acclamations de la foule à celui de l'Empereur.

(1) *Revue de Nice* du 1er octobre.

VII.

Heureusement l'absence de S. M. l'Impératrice ne fut pas de longue durée. A 10 heures du soir, LL. MM. sortaient du Palais Impérial en voiture de gala pour se rendre au théâtre.

Depuis longtemps déjà, la salle était occupée par les invités qui attendaient que LL. MM. vinssent ouvrir le bal. A 10 heures les acclamations de la foule ont annoncé l'arrivée de LL. MM. L'Empereur et l'Impératrice, accompagnés des dames d'honneur et de toute leur suite sont entrés dans la loge faisant face à l'orchestre. Tous les assistants se sont levés et ont accueilli LL. MM. par d'énergiques vivats. L'Empereur s'est découvert et l'Impératrice a gracieusement salué ses respectueux admirateurs.

Après quelques instants de repos, Leurs Majestés sont descendues, chacune de son côté, par les deux escaliers symétriques qui partaient de la loge impériale.

M. le Maire Malaussena, qui dansait avec l'Impératrice, a offert à S. M. un magnifique bouquet, dont les fleurs étaient retenues par une spirale en or, portant cette inscription :

LA VILLE DE NICE A S. M. L'IMPÉRATRICE,
12 SEPTEMBRE 1860.

L'Empereur a dansé avec Mme Paulze d'Ivoy.

L'Empereur, en tenue de Général de division, portait le grand cordon de la Légion-d'Honneur. L'Impératrice attirait tous les regards plus encore par sa grâce, son élégance, sa beauté, que par la richesse de sa toilette et l'éclat du diadème qui étincelait sur son front.

Voici les noms des autres personnes qui ont figuré dans le quadrille impérial :

Mmes Malaussena.
      De Rayneval, dame d'honneur de l'Impératrice.
      De la Poèze   id.   id.
      De Saulcy   id.   id.
      C^sse de Castelvecchio.
      C^sse Achiardi.
Mlles De Cessole.
      Fitz-Patrick.

MM. le Préfet.
     le Général Fleury.
     le Général Frossard.
     le Général Lebœuf.
     le Comte de Castelvecchio.
     Girard, Adjoint au Maire de Nice.
     De Constantin, id.   id.
     Boutau,   id.   id.

Après ce quadrille, pendant lequel les sentiments des spectateurs se sont manifestés, à plusieurs reprises, par de chaleureuses acclamations, LL. MM. sont remontées dans leur loge, et les danses ont continué.

Un peu plus tard LL. MM. sont descendues de nouveau ; Elles ont fait le tour de la salle et se sont retirées vers 11 heures $^1/_2$. Pendant tout le bal, le visage de l'Empereur reflétait une satisfaction évidente; l'Impératrice semblait émue; c'est qu'il y a des acclamations qui doivent aller droit au cœur des Souverains.

Si les hommes d'Etat, qui savent comment on conquiert les peuples, avaient à Nice des témoins intelligents et de bonne foi, ils pourraient savoir maintenant comment un peuple se donne.

L'orchestre du bal a été digne de la fête offerte à Leurs Majestés. Il suffit de dire qu'il était conduit par Strauss, venu exprès de Paris pour cette solennité. Tout le monde a admiré la verve et l'entrain que cet illustre directeur de la musique des bals de l'Empereur sait mettre dans l'exécution de ses œuvres si universellement goûtées. Les artistes de la ville ont parfaitement répondu, en cette circonstance, à l'habileté de leur chef. Honneur à l'administration qui, en suivant l'impulsion donnée à cet égard par les sommités du dilettantisme local, a fait preuve, vis-à-vis de ses Hôtes Augustes, d'une délicate attention qu'ils ont dû

certainement apprécier au milieu même des innombra-
brables marques d'enthousiasme, dont ils étaient l'objet.

VIII.

En sortant du théâtre, LL. MM. ont trouvé une foule
si compacte, que la circulation était devenue impossible
pour les piétons ; les voitures de la Cour sont retournées
assez lentement au Palais Impérial pour permettre à
la population de contempler le visage de l'Empereur qui,
d'ordinaire immobile, trahissait une douce émotion ;
tout le monde voulait admirer l'Impératrice qui, attendrie,
s'efforçait de répondre par son gracieux sourire aux
félicitations de la foule.

L'illumination par toutes les rues était véritablement
splendides.

La Municipalité avait fait dignement les honneurs
de la ville à nos Augustes Souverains. Mais les particuliers n'avaient pas voulu se laisser dépasser par
l'autorité ; dans les rues les plus étroites et les plus
pauvres, il n'y avait point de fenêtres qui n'eût sa
lanterne vénitienne ou sa bougie. Des transparents
portaient les inscriptions : *Vive l'Empereur ! Vive
l'Impératrice ! Vive le Prince Impérial ! Vive la France !*

En face du théâtre, à l'angle de la rue de la Terrasse, un transparent de grande dimension portait à droite : *Vive l'Empereur !* — à gauche : « *Vive l'Impératrice !* » — et au milieu ces quatre vers empruntés à la pièce de NICE FRANÇAISE, dont nous avons déjà parlé :

« Oh ! vive cet enfant qui doit un jour combattre,
« Ce fils de la Patrie, au front pur et vermeil,
« Qu'on nommera César et Napoléon Quatre,
« Jeune aiglon qui déjà regarde le soleil ! »

Nous citons cette inscription entre mille ; elle nous a frappé, d'autant plus qu'il nous a semblé voir les yeux de S. M. l'Impératrice s'arrêter dans cette direction.

Longtemps après le retour de LL. MM. au Palais Impérial, les promeneurs ont continué à parcourir les rues et les places étincelantes de lumières.

Le bal a duré jusqu'à quatre heures du matin.

TROISIÈME PARTIE

—◦◦◦—

Journée du 13 Septembre.

I.

Hier, dans la soirée, dans la nuit, ce matin même, il est encore arrivé des étrangers ; chaque bateau est chargé de visiteurs, avides de saluer l'Empereur et l'Impératrice et de prendre part aux fêtes dont Nice est le théâtre.

Le soleil s'est voilé de nuages : le mauvais temps viendrait-il contrarier la fin d'une fête qui se prépare si belle ?

Que l'on ne s'inquiète point, — disent, avec une assurance contagieuse comme l'espoir, les médaillés de Ste-Hélène : Le soleil d'Austerlitz ne fait jamais défaut aux Napoléon ; quand l'Empereur sortira de son palais, le soleil sortira des nuages !

Dans toutes les rues, les passants s'abordent, se communiquent leurs impressions ; L'Empereur a été touché de la réception des Niçois. — L'Empereur a promis de revenir nous visiter. — Le maire de Nice, dans son discours, a été l'interprète ému et sincère des sentiments de la population. — Le peuple fait remarquer qu'hier la présentation des clés de Nice n'a pas été comme dans toutes les villes de l'intérieur, une formalité d'étiquette, mais une remise effective du titre de propriété à la France et à son Souverain.

II.

Pendant les réceptions officielles, plusieurs croix avaient été remises par l'Empereur à différentes personnes auxquelles S. M. daigne accorder le titre de chevalier de l'Ordre Impérial de la Légion-d'Honneur ; ce sont :

MM. Arvet, Directeur des Contributions Directes ;
Caminate, Directeur des Contributions Indirectes ;
de Cessole, conseiller à l'ancienne Cour d'Appel de Nice.

Le 13, à 9 du matin, une convocation, faite par M. le Préfet des Alpes-Maritimes, au Palais Impérial, réunissait ceux auxquels l'Empereur voulait accorder la même distinction.

Voici les nominations qui ont eu lieu :

OFFICIERS :

Mgr Sola, évêque de Nice.

MM. Mougins de Roquefort, maire de Grasse.
Dennery, major au 90e de ligne.
Calosso, colonel en retraite.
Cauvin,   id.   id.

CHEVALIERS :

MM. Ferry, maire de Villefranche.
Laurenti Paul, maire de Tourrette.
Camille Raybaud, maire de la Colle.
Marquis de Constantin, adjoint au Maire de Nice.
Sclaverani, Vicaire Général.
Th. Rivaud, chef de division à la Préfecture.
Aug. Carlone, publiciste, ex-directeur de l'*Avenir de Nice.*
Maxime Sauvan, négociant.
Pétetin, receveur principal des Douanes.
Aussilloux, commissaire central.
Léopold Amat, compositeur.
Deporta, docteur médecin.
Escoffier,   id.   id.

MM. Corporandi, curé de Puget-Théniers.

Sennequier, doyen d'âge des membres du conseil général des Alpes-Maritimes.

De Monléon, Maire de Menton.

Léotardi, ancien député de Puget-Théniers.

Damichon, employé à la manufacture des tabacs.

Palma de Borgofranco, lieut. colonel en retraite.

Merlini,   id.   id.

Botteri,   id.   id.

Rouanet, capitaine au 90e de ligne.

Frosté, lieutenant.

Gilardin, lieutenant.

Médaille Militaire.

MM. La Poulot, sergent-major au 90e de ligne.

Raynaud, sergent   id.

Saubat,   id.   id.

Gibert, fusilier.   id.

Médaille d'or.

M. Xavier Chabrier, plongeur.

Le même jour, M. le Préfet annonçait aux sœurs Rose Dufour et Vincent Salvi, que S. M. les décorait d'une médaille à son effigie en récompense des services qu'elles avaient rendus depuis dix ans aux Salles d'Asile, l'une comme directrice, l'autre comme première maîtresse, actuellement directrice.

III.

Leurs Majestés devaient aller, le matin, visiter la rade de Villefranche ; mais des travaux urgents retiennent le Chef de l'État, car l'Empereur gouverne en voyageant : les fêtes ne lui font pas oublier qu'il tient en main les destinées de la France.

Pendant ce temps, S. M. l'Impératrice dirige, elle aussi, les intérêts dont elle garde la haute intendance. Le court séjour qu'elle faisait à Nice l'empêchant d'honorer de sa visite les Salles d'Asile, S. M. fait appeler M. le Maire, le président de la direction et les sœurs de St-Vincent-de-Paule. Elle reçoit cette commission avec une bienveillance particulière, s'entretient longuement avec les sœurs et daigne accepter un bouquet et un petit ouvrage offerts par les enfants de l'Asile de St-Pierre et de l'ouvroir de St-Augustin. En examinant un plan de Salles d'Asile présenté par M. Bounin, S. M., tout en reconnaissant le zèle dont l'honorable directeur a donné tant de preuves, lui fait observer qu'il ne s'agit pas d'enrichir les pauvres ni de construire des *Louvres* à leur usage, mais de multiplier autant que possible, et de disséminer, dans tous les coins de la ville, ces maisons dont le but est tout à la fois de procurer aux mères de famille un peu de liberté et de soulagement, —

Pont du Var

et de donner aux enfants une éducation religieuse et une instruction élémentaire.

IV.

Promenade au Pont du Var.

A 5 heures, Leurs Majestés, suivies de toutes les voitures de leur Cortège, précédées par la gendarmerie et escortées par les Hussards, se sont rendues par la place St-Dominique, la rue du Pont-Neuf, le quai Masséna, le Jardin-Public, la promenade des Anglais et la route de France, au bassin du Var, afin d'apprécier les gigantesques travaux qui doivent rendre un vaste terrain à l'agriculture.

Depuis 11 heures du matin la foule se massait sur tous les points qui conduisent au pont du Var. Ceux qui étaient échelonnés le long de la rue de France, du côté de la Croix-de-Marbre, ne perdent pas courage et se hâtent d'arriver au lieu du rendez-vous.

Au Jardin Public, l'on avait groupé les jeunes filles de la banlieue avec leur costume traditionnel, si gracieux et si pittoresque. Elles devaient offrir un bouquet à l'Impératrice, mais l'heure marchait, tout retard était impossible. LL. MM. n'ont donc

pu que jeter un coup-d'œil sur ce groupe charmant,
où les types les mieux accusés et les costumes des
vieux âges se sont conservés encore dans toute leur
primitive pureté.

Sur les 4 heures, la Cour a atteint une vaste tente de
campement, érigée en amont de l'embouchure du fleuve,
à la tête du pont qui servait, il y a quelques mois à
peine, de démarcation entre l'Empire français et le
royaume de Sardaigne.

Au pont du Var une foule immense, accourue de
tous les cantons environnants, de Cannes, d'Antibes, de
Vence même, acclament les Augustes Visiteurs avec un
enthousiasme délirant.

L'Empereur, à qui cette tente rappelait sans doute
son glorieux séjour sur les champs de bataille de l'Italie,
a été frappé par l'ordonnance du pavillon disposé par les
soins de la Députation consortiale du Var. Cet abri militaire, en coutil rayé de forme carrée, soutenu à ses angles
par des faisceaux de drapeaux, laissait entrevoir par
le froncement de ses courtines que retroussaient des
cordelières d'or à pesantes dragonnes de galon, son
magnifique ameublement, fauteuils dorés, riches tapis.

Cette station, appelée à devenir bientôt le bois de
Boulogne ou les Champs-Élysées de Nice, offrait alors
ses magnifiques ombrages d'aulnes et de peupliers en-

trecroisant leurs troncs pâles et leurs fûts grêles, et secouant au vent du golfe leur feuillage rendu plus luisant par les ondées des jours précédents.

V.

M. le Préfet des Alpes-Maritimes, à l'entrée de la tente, a présenté à l'Empereur la Commission royale administrative et les membres de la Députation consortiale de l'endiguement du Var, « heureux, a dit M. le Préfet, de « remercier Sa Majesté et de lui témoigner leur recon- « naissance aux lieux mêmes, où doit se réaliser le plus « grand de tous les bienfaits si nombreux dont l'Empe- « reur a comblé le département des Alpes-Maritimes. »

M. Auguste Carlone, président de la députation, a prononcé alors le discours suivant :

« SIRE,

« Les propriétaires riverains du Var, depuis bien des années, vivaient au milieu des plus tristes prévisions, lorsqu'un des principaux actes de munificence, par lesquels Votre Majesté a voulu signaler notre rentrée au sein de la famille française, les a relevés tout-à-coup d'une ruine inévitable et prochaine.

« Tous les dangers, il faut l'avouer à Votre Majesté, ne seront conjurés que le jour où les travaux seront en pleine voie d'exécution; mais, Dieu aidant, et par la continuation des efforts qui ont retardé la catastrophe dont est menacée la campagne de Nice, toutes les chances fatales seront surmontées.

« Quelles que puissent être, néanmoins, les épreuves que la Providence leur réserve, les propriétaires riverains du Var comprennent bien toute l'étendue du bienfait qui leur est accordé, et la Députation du Consortium, heureuse de servir d'interprète à la commune reconnaissance, en apporte le tribut à Votre Majesté !

« SIRE,

« Les peuples conservent religieusement le souvenir des grands Souverains, et les localités qu'ils ont honorées de leur présence deviennent l'objet d'un culte qui grandit d'âge en âge. Obéissant à cette pensée, c'est ici même que nous écrirons sur la pierre le décret qui a mis fin aux angoisses de toute une population. Nous y écrirons le nom de Votre Majesté, celui de Sa Majesté l'Impératrice, car il est inséparable de toute idée de grâces et de bienfaits, celui du Prince Impérial, en qui se résument les espérances de l'avenir; et ces noms augustes seront comme les rayons d'une même bonne étoile dont l'influence présidera au développement des intérêts agricoles de cette contrée, et vers laquelle se dirigeront les bénédictions de nos arrière-neveux. »

VIVE L'EMPEREUR !
VIVE L'IMPÉRATRICE !
VIVE LE PRINCE IMPÉRIAL !

L'Empereur a répondu, « qu'il était allé au devant des vœux exprimés; et que son intention était que les travaux fussent exécutés en deux exercices.»

Tandis qu'il étudiait avec attention les plans déroulés devant lui, l'Empereur se faisait rendre compte des avantages de l'endiguement. Après cet examen, il s'est dirigé à pied, sur le pont, jusqu'à un endroit, d'où il pouvait apprécier la ligne du bief futur, indiquée par des jalons ornés de drapeaux.

A travers la multitude entassée sur le pont, l'Empereur se frayait souvent un passage avec une souriante sérénité.

Les acclamations étaient tellement unanimes et incessantes, qu'il a dû renoncer à adresser la parole aux personnes qui l'accompagnaient.

Soudain, un silence respectueux s'établit d'une extrémité à l'autre de cette foule : l'Empereur s'était arrêté à un poste favorable à ses observations.

S. M. considère le paysage désolé au milieu duquel le Var promène ses ruisseaux capricieux ; il aperçoit le village de St-Laurent grimpant le long d'un coteau, dont les hauteurs sont couvertes de vignobles ; plus loin, une brèche immense s'ouvre entre le Morne de St-Jeannet et les contreforts du Mont-Chauve. A l'entrée de la tranchée, s'aiguisent sur le fond les cônes sombres de Gattières et de Caros.

C'est l'écartement de ces coteaux et de ces cimes que le Var, aujourd'hui faible cours d'eau, demain fougueux torrent, bouleverse une fois par trimestre, et qu'il s'agit de défendre, contre ses crues soudaines, par une digue, sur laquelle se dirigera une route rejoignant le Dauphiné. (1)

(1) Route de la vallée de la Tinée.

Bonaparte, alors lieutenant d'artillerie, a, pendant un mois, demeuré à St-Laurent-du-Var ; on a religieusement conservé l'ameublement et la disposition de la chambre qu'il habitait. Durant ce séjour, le jeune officier, frappé de l'importance de ces berges comme ligne stratégique, émit à ce sujet quelques observations restées dans la tradition locale. Les mêmes réflexions se présentaient, le 13 septembre, à l'esprit de l'Empereur Napoléon III qui, se tournant vers son entourage de généraux, leur faisait remarquer quelle utilité on pourrait retirer de ces défenses naturelles, dans le cas d'une invasion désormais improbable.

L'Empereur a pu, par ce coup d'œil sommaire, se faire une idée suffisante des résultats grandioses de l'endiguement. Nice a peu de terres arables, — le chemin de fer, avec ses gares, son embarcadère, ses magasins, va bientôt en accaparer une partie ; S. M. a pu constater, par une inspection rapide, l'urgence et la possibilité de créer, dans la banlieue de Nice, de vastes et fertiles annexes à livrer au labour et à la culture maraîchère.

Voilà pourquoi l'Empereur a si vite décrété l'endiguement du Var, voilà pourquoi il veut que les travaux soient achevés en deux années. C'est le moyen de sauver le commencement de barrière que des efforts coûteux ont déjà opposé aux passagères fureurs du torrent.

VI.

Au moment où l'Empereur, accompagné de M. le Préfet des Alpes-Maritimes, de ses aides-de-camp et de toute sa maison militaire se dirigeait vers la tente à droite du Pont-du-Var, S. M. l'Impératrice, qui n'était pas descendue de voiture, invita M. le Maire Malaussena à s'approcher.

S. M. l'Impératrice avait, elle aussi, de grands intérêts à débattre : Elle s'entretenait avec M. Malaussena des salles d'asile. Revenant sur les observations faites, il y avait quelques heures, à M. Bounin, elle insista sur ce point : qu'il ne fallait pas centraliser les institutions de bienfaisance, mais les disséminer sur tous les points de la ville. « Pour ces établissements, dit S. M., il faut de l'air, de la salubrité, mais pas de luxe ; les administrateurs des asiles sont les *économes* des pauvres. Les ressources de la charité doivent être sévèrement administrées afin de pouvoir en faire profiter tous les indigents. »

Cette conversation de S. M. l'Impératrice avec le chef de la municipalité s'est prolongée jusqu'au moment du départ.

Après avoir de nouveau reçu les remercîments du président de la députation du Consortium, l'Empereur vint, avec M. le Préfet, rejoindre l'Impératrice. La foule s'était accrue pendant la visite aux travaux décrétés ; aussi Leurs Majestés se sont éloignées au milieu d'applaudissements et de *vivats* frénétiques qui n'ont cessé que longtemps après que les voitures de la Cour avaient disparu à l'horizon.

VII.

Villa Gastaud.

Avant de rentrer en ville, Leurs Majestés, avec les personnes de leur maison, se sont arrêtées une bonne demi-heure à la Villa Gastaud, désireuses de voir l'une des villas les plus justement renommées de la campagne de Nice.

Nous ne parlerons pas de cette propriété ; elle est assez recherchée des étrangers, pour que toute description devienne inutile. Le propriétaire n'avait pas besoin de décorer sa villa ; ses jardins admirables, ses bois d'oliviers séculaires, ses terrasses superposées et dont la moins élevée domine la ville, offraient à l'admiration des Augustes Visiteurs un aliment suffisant. L'Empereur a visité dans tous ses détails cette belle propriété, et admiré les perspectives qu'elle ouvre sur le golfe de Nice enfermé entre la côte de France et la pointe de la presqu'île de St-Jean. Après avoir, de la terrasse du Château, étudié le plan de la ville, l'Empereur a pu contrôler ses appréciations de la

Villa Gastaud

veille et juger, d'un point de vue opposé, mais non moins avantageux, les travaux indispensables pour faire de Nice une cité digne de devenir, par sa magnificence comme par son climat, une résidence impériale.

L'Empereur, avec M. le Préfet des Alpes-Maritimes, et avec M. Guillaume, ingénieur en chef du chemin de fer, a étudié le tracé du chemin de fer du Var à Nice. Une tente dont la richesse et l'élégance ne le cédaient en rien à celles que nous avons décrites, préservait Leurs Majestés des rayons du soleil couchant. La couleur moëlleuse des oliviers, dont le feuillage se marie si bien avec tous les paysages environnants, reposait les yeux ; les jardins, qui réservent ici leur parure la plus brillante pour le mois de janvier, avaient une verdure luxuriante qui semblait défier l'approche d'octobre et la chute des feuilles. L'Impératrice admirait toutes ces merveilles de la nature, en s'entretenant avec M. Gastaud, charmé de la bienveillance inaltérable et de la grâce souveraine de S. M.

Avant de quitter la villa, S. M. l'Impératrice a daigné accepter un magnifique bouquet offert par M. Gastaud.

A l'heure où nous écrivons ces lignes, M. Gastaud fait construire, à l'entrée de sa villa, un élégant pavillon dont la décoration est confiée à M. Trachel, et une inscription gravée sur le marbre doit éterniser le souvenir de la visite de LL. MM.

VIII.

A 6 heures du soir, Leurs Majestés sont rentrées au Palais ; attendues sur leur passage par la population tout entière, elles ont entendu des acclamations dont l'accent était d'autant plus ému que le moment du départ était plus proche.

Aussitôt après le retour au Palais Impérial, a eu lieu le dîner offert par la Ville de Nice à LL. MM.

Voici la liste des personnes invitées à ce dîner :

S. E. le Maréchal Comte de Castellane.
S. E. le baron de Talleyrand.
MM. Le Général commandant la Division.
    Le Préfet, et Mme Paulze-d'Ivoy.
    Le général commandant la Subdivision.
    L'Évêque.
    Le Maire de Nice.
    Les trois Adjoints.
    Lécuyer d'Attainville.
    Le Général Comte d'Oraison.
    Lubonis.
    Le Sous-Préfet de Grasse.
    Le Sous-Préfet de Puget-Théniers.
    Le Président du Tribunal Civil.

MM. Le Président du Tribunal de Commerce.

Le Secrétaire général de la Préfecture.

Le Général Rolland.

Le Procureur Impérial.

Le Colonel du 90e

Le Sous-Intendant.

Le Comte de Cessole.

Le Receveur général.

Le Général Thiole.

Le Vicaire général.

Le Contre-amiràl Dupouy.

L'Ingénieur en chef des Ponts-et-Chaussées.

Le Comte Avigdor, ancien député.

Le Comte de Orestis.

Hains, Directeur des Douanes.

Le Général Maizière.

Le Général Partounaux.

Le Colonel de la Mortière, du 4e hussards.

Le Colonel Porion, du 11e

Le Colonel Daudel, du 15e

L'Empereur avait à sa droite le Maréchal de Castellane et à sa gauche M. le baron de Talleyrand, Ambassadeur de France à Turin ;

Aux côtés de l'Impératrice, se trouvaient Mgr Sola, Évêque de Nice, et M. Malaussena, Maire de la ville.

Nous ne parlons pas du menu du repas, mais nous ne voudrions pas oublier de mentionner une distinction accordée à M. Chauvain, qui avait été chargé de la table de LL. MM. pendant leur séjour à Nice :

L'Empereur a fait remettre à M. Chauvain une médaille d'or, pour lui témoigner toute sa satisfaction. S. M. a déclaré que depuis son départ de Paris, elle n'avait pas trouvé mieux.

Une partie de ces éloges revient de droit à M. Sottumié, fournisseur des comestibles.

Après le dîner, LL. MM. ont daigné adresser la parole à chacun des invités. A plusieurs reprises, Elles ont manifesté leur satisfaction de l'excellent accueil qu'elles avaient reçu de la population de Nice.

La bienveillance de l'Empereur pour notre département eut encore l'occasion de se produire quelques minutes avant son départ. A la fin du dîner, en parlant à M. le Sous-Préfet de Puget-Théniers, l'Empereur apprit de ce fonctionnaire, que certaines communes de cet arrondissement avaient encore à subir quelques droits seigneuriaux qui pesaient très-lourdement sur les populations.

L'Empereur étonné de ce mot, demanda à M. Malaussena ce que pouvaient être ces droits seigneuriaux survivant à la féodalité. Le Maire de Nice répondit que les tribunaux sardes, après 1814, avaient déclaré que les lois et décrets du gouvernement français avaient pu suspendre, mais non abolir les droits seigneuriaux, et que, par suite, un certain nombre de communes se trouvaient pour quelques redevances sous le coup du régime féodal.

L'Empereur désira savoir si le rachat de ces redevances serait pour l'État une charge considérable. Sans pouvoir préciser le chiffre, M. Malaussena répondit que cela ne devait pas dépasser trois cents mille francs. S. M. chargea alors M. le Préfet et M. le Maire d'étudier cette question, afin de faire cesser au plus tôt la fâcheuse situation de ces communes, appelées à profiter de tous les bienfaits de la législation française.

IX.

Départ de Leurs Majestés.

A 8 heures, Leurs Majestés sont sorties du Palais Impérial en voiture fermée pour se rendre au port. Le cortège a suivi le Cours, la rue St-François-de-Paule, les boulevards du Pont-Neuf et du Pont-Vieux, la place Napoléon et la rue Ségurane.

Pendant tout le séjour de Leurs Majestés à Nice, les marques de sympathie de la population ont été toujours en croissant ; mais rien n'a égalé l'enthousiasme manifesté par la foule au moment du départ. Des vivats et des applaudissemens en quelque sorte frénétiques saluaient partout sur leur passage l'Empereur et l'Impératrice. L'embarquement de Leurs Majestés dans le port de Nice a présenté un de ces caractères à la fois touchants et grandioses qui ne s'effacent jamais du souvenir d'une population.

Des milliers de mains agitaient en l'air des chapeaux, et des milliers de voix acclamaient les Augustes Voyageurs, qui semblaient chercher dans l'obscurité de la nuit le navire qui devait les conduire en Corse.

Tout à coup, par l'effet d'un magnifique feu de bengale, la statue de Charles Félix surgit des ténèbres, semblable à du métal embrasé, et leur montra du doigt le yacht impérial l'*Aigle* qui chauffait dans le port.

Un autre feu de bengale blanc, succédant au feu rouge, transforma presque instantanément la statue en fantôme blanc.

Cette scène avait quelque chose de fantastique. Mais la foule fut bientôt impressionnée par un autre spectacle. S. M. l'Impératrice, touchée des manifestations universelles de respect et de sympathie qu'elle n'avait cessé de rencontrer, ne put s'empêcher de pleurer en descendant de voiture pour monter à bord de l'*Aigle*. Beaucoup de personnes virent ces larmes.

La nouvelle se propagea dans la foule comme un frisson électrique, et je vous laisse à penser combien elle augmenta les sentiments d'affection et de dévouement que la vue de Leurs Majestés avait fait naître dans tous les cœurs.

Au moment où l'*Aigle* passait sous le phare du port de Nice, un homme du peuple cria, d'une voix tonnante, en s'adressant à l'Empereur et à l'Impératrice, qui étaient sur la dunette : « *Revenez-nous bientôt.* »

S. M. l'Impératrice répondit d'une voix assez haute pour que plusieurs personnes aient pu l'entendre : « Oui ! oui ! »

Un brillant feu d'artifice, tiré à l'embouchure du Paillon au moment du passage de l'escadrille impériale, a terminé ces fêtes qui, pendant deux jours, avaient transformé la physionomie de la ville, et prouvé aux plus incrédules que, pour produire ses sentiments français, la population de Nice n'a besoin ni d'exemples ni d'encouragements.

X.

Avant de quitter Nice, l'Empereur a remis lui-même à Mme Paulze-d'Ivoy un écrin contenant un magnifique bracelet. C'est un cercle en or massif, décoré d'une pensée formée par des rubis, des émeraudes et des diamants.

S. M. l'Impératrice a fait remettre à l'aînée des demoiselles Malaussena un bracelet en or d'un gracieux travail, et à la plus jeune une chaîne en or, avec un médaillon enrichi de pierres précieuses.

Mlle Ferry, fille du maire de Villefranche, a reçu également de la part de S. M. l'Impératrice une chaîne en or.

S. M. l'Impératrice a fait remettre à Mlle Mathilde Luce, de Grasse, un fort beau bracelet. C'est cette jeune demoiselle qui avait eu l'honneur de complimenter l'Impératrice lorsque les dames de Grasse offrirent à S. M. une magnifique corbeille renfermant, dans des flacons d'un goût parfait, les essences et les parfums qui sont le principal élément du commerce de leur pays.

M. Sabatier, architecte du département, a reçu de l'Empereur, à titre de récompense pour les travaux exécutés au Palais Impérial, une épingle en or enrichie d'un saphir entouré de brillants.

M. Ferret, qui avait offert à S. M. un album contenant une trentaine de vues photographiées de Nice, a reçu également une charmante épingle enrichie de brillants et de pierres précieuses. M. Ferret a reçu en outre du cabinet de l'Empereur une lettre très-flatteuse, et, du ministère d'État, le brevet de photographe de S. M. l'Empereur.

QUATRIÈME PARTIE

—

RÉSULTATS

DU

SÉJOUR DE LEURS MAJESTÉS A NICE

—⧫⧫⧫—

I.

Examinons maintenant les importantes décisions prises par l'Empereur, pendant son séjour à Nice, dans l'intérêt de cette ville et du département tout entier :

L'Empereur a décidé en principe que la route Impériale N° 7 serait transportée, dans la traverse de Nice, de la rive gauche du Paillon sur la rive droite. Cette amélioration comporte la construction d'un pont en face de la place Napoléon. C'est une dépense totale évaluée à 1,200,000 fr. et, conformément aux règles établies, la décision impériale a dû maintenir le concours de la commune pour les deux tiers ; S. M. a fait espérer que le tiers complémentaire, soit 400,000 fr. serait inscrit au budget de l'Etat.

La dépense pour l'appropriation du Lycée Impérial et pour le renouvellement du mobilier a été fixée à 100 mille francs. Sur la bienveillante intervention de son Exc. le ministre de l'Instruction publique, l'État avait déjà pris à sa charge la moitié de ces dépenses toutes communales. On avait espéré que l'Empereur, dans son inépuisable bonté, diminuerait encore les charges de la commune. S. M. a voulu qu'elles disparussent tout entières et il a fait remise complète à la ville de Nice de sa part contributive dans cette dépense. Il y a été mis toutefois une condition qui prouve, une fois de plus, la sollicitude de l'Empereur pour les intérêts de l'éducation populaire ; cette condition, la voici : c'est que la ville devra consacrer à l'amélioration de ses écoles communales, et au besoin, à la fondation d'écoles nouvelles, le montant de la subvention de 50,000 fr. qui a été votée par son Conseil municipal.

Le département n'a pas d'hôtel de Préfecture. On sait que la fondation d'un établissement de ce genre, destiné à recevoir, indépendamment des bureaux, le service de l'inspection d'académie, de la police et du télégraphe, ne peut pas entraîner une dépense de moins de 1,200,000 fr. L'Empereur a voulu que l'éventualité de cette charge redoutable disparût entièrement pour les contribuables des Alpes-Maritimes. S. M. a décidé, que la Liste Civile, qui était destinée à le recueillir du Piémont, abondonnerait l'immeuble du Palais Impérial pour le convertir en hôtel de Préfecture. Elle a décidé, en outre, que tout le terrain attenant à ce bâtiment, et qui appartient à l'Etat, jusqu'à place la St-Dominique, serait abandonné en pur don au département et à la ville de Nice pour y établir le bâtiment des archives départementales et y construire un hôtel-de-ville, dont Nice sent depuis si longtemps le besoin.

L'Empereur a hautement approuvé le projet de rapprocher ces trois édifices : l'hôtel de préfecture, le bâtiment des archives, l'hôtel-de-ville. S. M. a surtout applaudi à l'idée de disposer ces bâtiments de manière à pouvoir les utiliser en les faisant ouvrir les uns sur les autres, comme, par exemple, dans le cas de fêtes publiques, et afin de pouvoir y réunir le plus grand nombre d'invités possible. On comprend tout ce qu'une idée de ce genre peut offrir de ressources dans une ville où la société est composée, comme elle l'est à Nice, à certaines époques de l'année.

La construction de l'hôtel-de-ville sur la place St-Dominique entraînera forcément la disparition de deux ou trois maisons qui cernent, en le déparant, le Palais Impérial actuel. L'acquisition de ces immeubles incombera naturellement à la ville.

Comme partout, l'attention de l'Impératrice s'est portée sur les asiles destinés à recevoir et à moraliser les enfants du peuple, en laissant aux mères de famille la possibilité d'utiliser leur temps pour le bien-être matériel de leur ménage. S. M. s'est fait rendre compte de l'état des choses et, tout en louant les efforts qui ont été faits

jusqu'ici par d'honorables initiatives individuelles,
initiatives secondées par de pieuses sœurs de l'ordre de Saint-Vincent-de-Paule, S. M. a été surprise
d'apprendre que les Salles d'Asile n'avaient pas encore
pu être érigées, — faute de ressources, — en
établissements communaux proprement dits. C'est
un caractère qu'il faut se hâter de leur donner le
plus promptement possible, et, S. M. voulant hâter
la réalisation de cet important progrès, s'est ins-
crite pour 10,000 francs en tête d'une souscription qui
doit avoir lieu pour réaliser promptement toutes les
améliorations que doit offrir l'institution des Salles
d'Asile dans une ville de l'importance de celle de Nice.

S. M. a émis sous ce rapport les idées les plus justes
et que nos administrateurs sauront mettre à profit —
en rappelant que les Salles d'Asile ne doivent pas être
des établissements de luxe construits à grand frais. Elle a
insisté sur la nécessité de les fonder au contraire dans
toutes les conditions de simplicité et de salubrité qu'il
importe de réunir. Elle a enfin indiqué que, sans trop
multiplier les Salles d'Asile, il fallait savoir les répartir
sagement dans les quartiers habités par les classes ouvriè-
res, dont les enfants sont destinés à les fréquenter
exclusivement.

La somme de 10,000 francs montant de la souscription de S. M. et prise sur sa cassette particulière, a été
versée immédiatement, par les soins de M. le Préfet,
entre les mains de M. le Maire.

Les misères individuelles n'ont pas été non plus oubliées, et M. le Préfet a été mis en mesure d'y pourvoir dans des proportions que les Augustes Bienfaiteurs n'ont pas permis jusqu'ici de faire connaître, par un sentiment qui ajoute, s'il est possible, au mérite de tant de générosités.

S. M. a ordonné l'étude d'un projet définitif de route entre Nice et Villefranche jusqu'à St-Hospice, route destinée à être classée comme embranchement de la route impériale N° 7 de France en Italie.

Toutes ces différentes mesures d'utilité publique, combinées à l'avance entre M. le Préfet du département et M. le Maire de Nice, ont été exposées à S. M. l'Empereur par M. le Préfet, dont les demandes présentées au nom de la ville et du département, ont eu, comme on le voit, un plein succès.

LL. MM. ont prouvé de mille manières le plaisir qu'Elles éprouvaient en se trouvant au milieu de nous, et toutes les faveurs, dont elles nous ont comblés, en sont une preuve trop éclatante, pour que personne puisse se méprendre sur la nature des sentiments qui les ont dirigées de nos côtés. On se laisse aller facilement aux entraînements vis-à-vis des personnes pour lesquelles on éprouve de si affectueux intérêts. Tous ces bienfaits ne sont-ils pas, en effet, le résultat d'un véritable entraînement ?

Disons maintenant à l'honneur de nos populations, qu'elles ont su s'en montrer dignement reconnaissantes, et ajoutons qu'elles l'ont fait en se dégageant de tout sentiment d'égoïsme : car, pendant le séjour de LL. MM., elles ne connaissaient pas toutes les faveurs dont elles ont été comblées. C'est donc bien de cœurs et de cœurs désintéressés que partaient toutes ces ovations qui ont fait du séjour de LL. MM. parmi nous un triomphe comme l'histoire n'en a peut-être jamais enregistré.

II.

Conclusion.

Le 14, la proclamation suivante était publiée et affichée sur les murs de Nice :

« CONCITOYENS !

« L'EMPEREUR et l'IMPÉRATRICE, en quittant notre ville, m'ont chargé, dans les termes les plus bienveillants et les plus flatteurs, de vous exprimer toute leur satisfaction pour l'accueil que vous leur avez fait.

« L'IMPÉRATRICE a très gracieusement ajouté :

« NOUS AVONS ÉTÉ SI BIEN ACCUEILLIS A NICE, QUE « CE SERA POUR NOUS NON SEULEMENT UN TRÈS GRAND « PLAISIR D'Y REVENIR, MAIS UN DEVOIR. »

« Je suis heureux d'être l'intérprète de ces sentiments, qui feront tressaillir vos cœurs de joie et d'espérance. Le vote du 15 et du 16 avril a eu sa consécration dans les journées du 12 et du 13 septembre. Par l'ardeur toujours croissante de votre enthousiasme, et par l'ordre que vous avez constamment maintenu au milieu de ses manifestations les plus imposantes, vous vous êtes montrés dignes de la sollicitude toute spéciale dont les Augustes Visiteurs vous laissent de si éclatants témoignages. Le devoir de votre premier Magistrat est de vous en féliciter et de vous en remercier.

« *Fait à Nice en l'Hôtel-de-Ville, le 14 septembre* 1860.

« *Le Maire,* MALAUSSENA. »

NOTES ET RECTIFICATIONS

—

PAGE 5.

2ᵐᵉ ligne : *étaient* au lieu de *était*.

PAGE 18.

La route, comme *route impériale*, commence au confluent du Var et de la Tinée, traverse la vallée de la Tinée et va se relier à la route de Barcelonnette. La première partie de cette route, le long de la digue, est départementale.

PAGE 43.

Les invitations au bal se sont élevées à plus de trois mille.

PAGE 64.

C'est Madame Paulze-d'Ivoy qui était chargée de présenter les Dames et Demoiselles à S. M. l'Impératrice ; son nom ne devrait donc pas figurer en tête de la liste des Dames présentées.

TABLE DES MATIÈRES

—

Troisième Partie.

Quatrième Partie.

FIN DE LA TABLE.